现代初中教育教学及其项目目式学习实践

钱 伟 著

北京工业大学出版社

图书在版编目（CIP）数据

现代初中教育教学及其项目式学习实践 / 钱伟著．
— 北京：北京工业大学出版社，2022.8
ISBN 978-7-5639-8419-0

Ⅰ．①现⋯ Ⅱ．①钱⋯ Ⅲ．①中学教育－教学研究－初中 Ⅳ．① G632.0

中国版本图书馆 CIP 数据核字（2022）第 183744 号

现代初中教育教学及其项目式学习实践
XIANDAI CHUZHONG JIAOYU JIAOXUE JI QI XIANGMUSHI XUEXI SHIJIAN

著　　者：	钱　伟
责任编辑：	任军锋
封面设计：	知更壹点
出版发行：	北京工业大学出版社
	（北京市朝阳区平乐园 100 号　邮编：100124）
	010-67391722（传真）　bgdcbs@sina.com
经销单位：	全国各地新华书店
承印单位：	北京银宝丰印刷设计有限公司
开　　本：	710 毫米 ×1000 毫米　1/16
印　　张：	11.75
字　　数：	235 千字
版　　次：	2022 年 8 月第 1 版
印　　次：	2022 年 8 月第 1 次印刷
标准书号：	ISBN 978-7-5639-8419-0
定　　价：	72.00 元

作者简介

钱伟，男，1978年6月出生，杭州师范大学本科物理系毕业，曾担任杭州市萧山区湘湖初中的科学教师、杭州市萧山区金山初中教科室主任、杭州市学军中学教育集团文渊中学教科室主任，现为萧山区信息港初中副校长。曾获得浙江省教坛新秀、杭州市教坛新秀、杭州市优秀教师、首届省学科带头人等荣誉，以及杭州市优质课一等奖、杭州市"一师一优课"一等奖、省优课一等奖、杭州市创新实验比赛一等奖、浙江省第25届春蚕等奖项。多篇论文在省市获奖或发表，2020年出版专著《物理教学与翻转课堂》及《素养导向的课堂教学设计与实践》。

前　　言

随着社会的发展和时代的变革，初中作为学生学习与成长过程中至关重要的发展阶段，社会各界越发注重学生在这一时期的成长质量，教师必须加强初中教育教学的质量，以此来为学生今后的成长奠定坚实的基础。而项目式学习作为一种新型的教学模式，近年来被广泛地应用并且取得了较为显著的成果。项目式学习充分遵循新课程改革的教学要求，改变了以往以教师为主导的教学方式，充分尊重和体现了学生在学习中的主体地位。项目式学习强调从学生的角度出发，教师要根据学生的接受能力和学习水平来制定订教学方案和确定教学内容，通过科学的设计方案推动学生学习效率的稳步提升。项目式学习围绕一个主题，通过小组合作的方式完成学习任务，培养学生的自主学习意识与独立思考能力，因此将项目式学习渗透到现代初中教学中可以有效提高教育质量。

基于此，笔者撰写了《现代初中教育教学及其项目式学习实践》一书，本书主要通过对初中教育教学及其项目式学习进行系统全面的探讨，为更好地开展初中教育提供借鉴。首先，本书主要对初中教育教学相关的理论知识进行阐述，包括教育与教育学发展历程、教育的功能与哲学、教育活动组织与管理等；其次，对初中各学科项目式学习的策略进行论述，主要包括初中语文、数学、英语以及科学的项目式学习策略，旨在通过本书的内容，使我国初中教育教学中的项目式学习得以展现，为初中教育的改革和发展提供新的见解。

本书有以下两方面特色：

第一，结构清晰，本书从初中教育教学及其项目式学习实践出发，从多个方面和角度对初中教育体系的完善和发展进行探讨，以增进读者对相关知识的了解。

第二，实用性强，本书在不同程度上通过鲜活的实例对理论进行了补充说明，理论联系实际，并以此为基础进一步加深对初中教育教学及其项目式学习实践的研究，力求为相关从业者提供有效的借鉴。

笔者在撰写本书的过程中，得到了许多专家学者的帮助和指导，在此表示诚挚的谢意。由于笔者水平有限，书中的内容难免有疏漏之处，希望各位读者多提宝贵意见，以便笔者进一步修改，使之更加完善。

目　录

第一章　教育概述

第一节　教育与教育学发展历程

一、教育及其构成

（一）教育的起源

教育起源是一个古老的问题。一方面，人们对教育起源问题的探索已有上百年的历史；另一方面，中外教育理论界对这一问题的探索虽然取得了一些成果，但是彼此间却存在较大的分歧，这些分歧不断地激发着人们继续研究这一问题的热情和兴趣。目前，关于教育的起源，教育理论界主要有三种代表性的观点，即生物起源说、模仿起源说（心理起源说）和劳动起源说（图 1-1）。

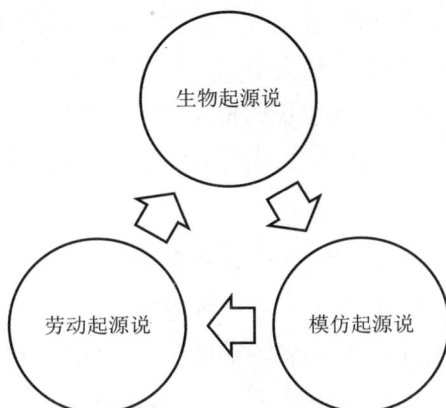

图 1-1　教育的起源

1. 生物起源说

教育的生物起源说是西方近代关于教育起源问题的第一个具有代表性的观点，其主要代表人物有法国哲学家、社会学家利托尔诺和英国教育家沛西·能。在《各人种的教育演化》和《动物界的教育》这两本书中，利托尔诺集中表达了自己关于教育起源于生物遗传本能的观点，即教育不是人类社会所特有的现象。早在人类出现之前，自觉的教育、指导和学习就已经普遍存在于动物界，如大猫教小猫捕鼠、大鸭教小鸭游水等。人类从动物界分化出来以后，只不过继承和改进了动物界业已存在的教育形式，使其获得了一些新的性质而已。但是，教育所获得的这些新的性质，并不足以使人的教育与动物的教育严格地区分开来，在本质上，两者并无二致。

2. 模仿起源说

教育的模仿起源说也称教育的心理起源说，是西方关于教育起源问题的一种具有代表性的观点，主张教育起源于儿童对成人的无意识模仿，其主要代表人物是美国教育家孟禄。

在《教育史教科书》一书中，孟禄批判了利托尔诺关于教育起源于生物本能的观点，认为这种观点忽略了人的心理和动物心理的本质区别。在该书的第一章"原始的教育"中，孟禄从人类学和心理学角度出发，对人类教育的起源和发展过程做了专门和详细的论述。通过对原始教育的系统深入研究，孟禄发现原始社会中既缺乏系统的知识和经验，也没有一定的教材，更不可能采用一定的教学形式和教学方法。根据这一事实，孟禄认为原始人的教育过程不可能是一种有意识的过程，儿童仅仅是凭借着对成人的观察和尝试成功的方法，习得了各种生活知识和技能，并在亲身实践活动中重复尝试。对于教育的起源问题，孟禄在《教育史教科书》中这样总结：在原始社会中，不论是社会还是个体，其教育的发生都是"最非理性的"和"单纯的无意识的模仿"，原始社会的教育普遍采用的方法是简单的无意识的模仿，儿童对年长成员的无意识模仿就是最初的教育的发展。

3. 劳动起源说

教育的劳动起源说是苏联教育学者在教育起源问题上的代表性观点，其理论基础是恩格斯的劳动学说。该学说主张：教育起源于劳动，起源于劳动过程中社会生产需要和人的发展需要，是两者的辩证统一。恩格斯的劳动学说有助于我们理解教育的起源问题。

①社会生产需要使教育的出现成为必要。人类教育起源的直接动因是，劳

动过程中人们传递生产经验和生活经验的实际社会需要。人类之所以需要通过教育来传递社会生产与生活经验，这是因为：第一，人类区别于动物的重要标志是人类能够制造并使用劳动工具；第二，劳动的前提条件之一是掌握必要的劳动知识；第三，劳动是一种社会性的活动；第四，劳动从一开始就是一种有意识、有计划的创造性活动。

②从劳动中产生的语言，使教育的出现成为可能。不论是口头语言活动，还是书面文字符号，都是因为劳动而产生的。为了使生产、生活经验能够在人与人之间得以及时传递，以便使更多的人掌握它，人们不得不假借某种声音符号，这种声音符号就是最初的口头语言。为了使生产和生活经验不致因为获得经验的人消亡而消亡，人们不得不借助一定的符号形式把各种经验记录下来，以实现经验与获得经验的人的分离，使经验假借某种符号形式得以在相当长的时间内保存。这种符号形式，便是早期的文字。有了口头语言和书面文字，经验便有了突破时空限制的可能，得以有效地积累和流传。有了丰富的传递内容——生产和生活经验，有了传递这种内容的有效手段——口头语言和文字符号，教育的产生便成为可能。

③教育的起源与人自身发展的需要密切相关。一个人最早接触的是社会环境，而后接触的才是生产环境，如果年轻一代不经历人类社会有意识、有目的的教育过程，如果没有长者对他们言传身教，他们就不可能具有社会性——人特有的本质属性，他们就难以适应人类社会特有的正常生活，人类世代积累起来的经验、知识、技能、生活规范等精神文明就会因此而终止。

以上各派教育起源观各有不同的着眼点，也各有理论和事实为其立论的根据，并反映了不同的时代背景。真理是一个过程，各种不同的教育起源理论都是这个过程链条上的一环，因而可以说不同的理论观点可以为我们提供不同的思想材料，有助于我们认识和分析问题。生物起源说只见动物世界，不辨其与人类社会质的区别；只见教育的量变，不见教育质的飞跃，可谓蔽于天而不知人。模仿起源说则惑于教育活动中人的心理模仿因素而对人的生活需要这种动因认识不足，忽视了教育的社会性、实践性。劳动起源说对教育的社会性又有极端、狭隘和片面的理解。

生产劳动是教育产生的直接必要条件，但是，把劳动当作产生教育的唯一条件的观点是对社会现象缺乏整体认识的表现。人类在积累生产经验的同时也积累着生活经验，这些经验都需要通过教育来传递。对每个人而言，一生中学习的开始并非在生产劳动中，而是在日常生活中，个人首先学习的是生活而不是生产。

因此，更确切地说，教育产生于原始社会整个社会活动的需要。它既包括原始社会作为整体的生存、延续和发展的需要，也包括作为社会成员的每个个体生命的生存、延续和发展的需要；既包括原始社会生产劳动的需要，也包括原始人生活和交往的需要。

（二）教育的本质

自人们思考教育问题以来，"教育是什么"的问题就是教育思想、教育理论和教育科学所关注的核心问题。当人们试图给教育下定义的时候，有关教育本质的尝试性理解就已经开始了。迄今为止，因为对社会与人持有不同的观念，人们对教育本质的理解也千差万别，从而使得教育的概念呈现出多义性和模糊性的特征。

在我国，人们对教育概念的理解也不是一成不变的。《中国大百科全书·教育》给教育下的定义：教育是培养人的一种社会活动，它同社会的发展、人的发展有着密切的联系。从广义上而言，凡是增进人们的知识、影响人们的思想品德的活动，都是教育。狭义的教育，主要指学校教育，其含义是教育者根据一定社会（或阶级）的要求，有目的、有计划、有组织地对受教育者的身心施加影响，把他们培养成为一定社会（或阶级）所需要的人的活动。这种"施加影响"的教育观之所以被人们接受，当然有其复杂的社会背景和传统的价值观念。然而，从我国教育的实际情况来看，特别是在基础教育课程改革的背景下，"施加影响"的教育概念越来越为人们所质疑。针对这种教育概念的内在局限，人们不断尝试对教育概念做出新的解释，从而加深了对教育本质的认识。

结合基础教育发展的时代精神，我们将教育理解为：教育是教育者通过与受教育者之间的教育性交往，引导受教育者在德、智、体、美、劳等方面全面发展的活动。这种理解有以下方面的含义：

①教育本质上是一种交往活动，交往是人类特有的存在方式和活动方式。就教育活动而言，教育作为一种交往活动，主要是教育者和受教育者为了交流信息而相互作用的过程。

②教育作为一种交往活动，包含着三个基本的构成要素，即交往主体、交往形式与交往内容。在学校教育中，交往主体大体可分为显在的交往主体与潜在的交往主体。教师与学生直接面对面地进行交往，属于显在的交往主体；而教材作者则成了潜在的交往主体。学生在其发展过程中，不仅受到直接交往主体的影响，也受到那些潜在的交往主体的影响。从交往的中介来看，交往的主要形式是师生之间的言语、行为的交往。交往的内容包括信息、思想、情感、知识等。

③教育交往意味着师生交往意图的预先设定。在不同社会的教育体系下，交往的意图存在着很大的差异。在我国，教育作为一种交往活动，其意图是促使交往主体之一的学生健康发展。

④教育作为交往活动，与"施加影响"的教育观区别在于：它强调引导学生自觉发展。当人们把教育看作一种"施加影响"的活动时，学生作为教育客体与对象的特征已然隐含于其中。引导学生自觉发展包含了两个方面的要求：一是强调教师在学生发展中的主导作用；二是突出学生在发展过程中的主体地位。教师的引导与学生的自觉构成了一种应然教育的基本状态。

（三）教育的目的

1. 教育目的的类型划分

从不同的角度分析，教育目的至少存在以下类型：

①从教育目的的实现与否来看，可以分为理想的教育目的和实际的教育目的。理想的教育目的通常由一些研究组织、学术团体和思想家提出，回答的是"应该培养什么样的人"的问题。例如，卢梭的"自然人"、康德的"一切能力的和谐发展"、斯宾塞的"为完美生活做准备"、涂尔干的"社会人"等。一般而言，理想的教育目的与实际的教育目的并不统一，理想的教育目的并不一定就是实际的教育目的，二者通常差异较大，甚至可能出现对立。

②从教育目的的制定者来看，可以分为国家、政府或者社会团体提出的教育目的，以及个人的教育目的。国家、政府、社会团体提出的教育目的通常具有较大的约束力，并在相应的教育实践活动中实施。而个人的教育目的在多数情况下并不一定转化为国家、政府的教育目的，也不一定能够影响教育实践活动。

③从教育目的的表现形式上来看，可以分为外显的教育目的和内隐的教育目的。外显的教育目的通常是正式的、成文的教育目的，即由国家权力机关或立法机关以法令、法规、条例等形式颁布的教育目的。内隐的教育目的是未成文的教育目的，是未表述出来的"缄默"的教育目的。二者在一定程度上是不统一的。

④从教育目的的承载者来看，可以分为教师的教育目的、学生的教育目的、校长的教育目的、家长的教育目的、政府的教育目的和社区的教育目的。这些类型的教育目的有些并不一致，甚至差异悬殊。例如，对素质教育中"素质"的理解，可能有人强调系统知识的获得，有人更重视能力的发展，也有人强调完整人格的培养，有人强调外显的知识文化素质，也有人重视内在的自我发展的素质。

对于教育者而言，区分不同类型的教育目的，核心的问题不是类型本身，而是必须意识到，在教育实践活动中，要有效实现教育目的，就必须考虑到不同类型的教育目的。在重视外显的教育目的、政府的教育目的、理想的教育目的的同时，也要关注内隐的教育目的、学生的教育目的、家庭的教育目的、实际的教育目的，尽可能地对不同类型的教育目的予以统筹安排。

2. 教育目的的基本特征

①良好的教育目的应该与社会所要求的人才培养规格密切相连。毋庸置疑，教育目的具有社会制约性，这种制约性主要体现在社会的政治、经济、文化与科学技术等方面对教育目的的制约上，特别是对人才培养规格上的制约。不同社会发展阶段，对人的素质要求不同。因此，在教育目的的确立上，不仅要考虑社会政治、经济等方面对教育的一般要求，还必须考虑一定社会发展阶段对人才培养规格的要求，并在此基础上对"什么是受过教育的人"这个问题进行系统思考。

②教育目的必须与具体的教育情境相联系。尽管教育目的是一般的、抽象的，但是也不能脱离具体的教育情境。教育目的的确立不仅要考虑到社会发展的需要，从社会的需要出发，从受教育者的身心发展需要出发，还必须分析教育的实际情况。只有这样，确立的教育目的才不会脱离教育实际，才能够指导教育实践活动，并具有在教育实践活动中接受检验的可能性。

3. 教育目的的现实功能

不同主体在进行教育活动时，首先要确立教育目的的原因主要在于教育目的具有规范、制约教育过程和教育效果的功能（图 1-2）。

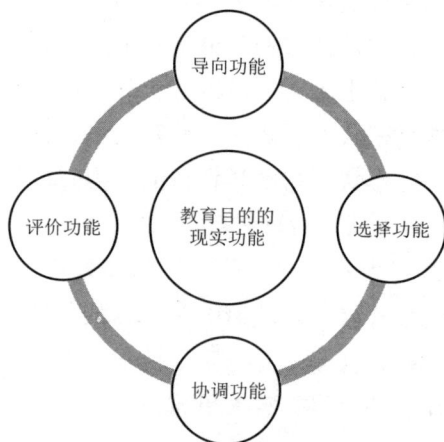

图 1-2　教育目的的现实功能

（1）导向功能

教育目的是教育活动的依据，它支配和指导着整个教育过程，规定着教育内容、教育手段、教育方法的选择，并为教育活动的组织和实施起导向的作用。教育是一种有目的的活动，这种目的在总体上就表现为教育目的，在具体的教育活动中则表现为教育者的行动目标。如果教育目的不正确，或者虽然有正确的教育目的但不能用它来指导教育实践，那么教育活动就会偏离正确的方向，达不到应追求的目标。因此，教育目的是一切教育活动的出发点，是保证正确办学方向的根本依据。同时，教育目的和教育目标也是教育对象自我努力的方向，是教育者和受教育者双边活动协调和统一的基础。

（2）选择功能

一方面，人类社会发展至今，可供学生学习的人类知识经验、文化成果极其丰富，需要培养的技能技巧多种多样，需要培养的能力也很多。明确的教育目的决定了选取教育内容的标准，以及选取内容的范围和程度。另一方面，有了明确的教育目的，便可以依据教育目的选择相应的教育途径、教育形式、教育手段和教育方法，以保证教育活动有统一的教育目标和步调，及统一的衡量教育结果的标准和指标。

（3）协调功能

教育目的不仅从整体上指引教育活动的方向，而且在实际教育活动中发挥着控制和协调的功能。一方面，有了明确的教育目的，才能将教育计划、教育内容、教育手段、教育方法等环节有机地整合起来，进而实现教育目的；另一方面，在实际的教育活动中，会有诸多因素对其产生影响，有了明确的教育目的，才能有效地协调这些影响因素，才能使学校、家庭、社会围绕教育目的的实现发挥积极作用，共筑教育合力。

（4）评价功能

教育目的具有评价功能，教育质量评价标准和指标的确立必须以教育目的为根本依据。教育目的在实施前是教育活动的理想追求，对教育活动有导向作用。在实施过程中，教育目的具有不断纠偏的作用。在实施后，教育目的发挥着评价教育结果的作用。同时，教育目的只有具体体现在学校教育的各个评价指标体系中，才能切实发挥其导向与协调的功能。

（四）教育的主体

1.教育中的教师主体

（1）教师角色解读

教育以学生为本，办学以教师为本。教师是教育任务和学校职能的主要承担者，是学校的第一资源，是学校最宝贵的财富，是学校生存和发展的根本。好的学校，必须以好的教师为支撑。现如今，教师作为学校的主导力量，是提高教育质量的决定因素。建设高水平的学校，提供高水平的教学、科研服务，离不开一支师德高尚、业务精湛、结构合理、充满活力的高素质专业化教师队伍。

①教师角色的定位。

新时代对教师提出了新的要求，教师要转变自身角色定位，更好地迎接新时代的挑战，更好地育人育才。

第一，由知识的传授者转变为学生学习的引导者。学校刚成立的时候是以教学为主的，教学中的主要角色是教育者，教师主要负责的是为学生传授知识。但是，新时代环境下，教育发生了变化，教师除了要继续向学生讲解知识之外，也要关注学生的成长、学生的心理发展。

教师要成为学生学习路上的指引者。教师除了讲解知识之外，还要让学生掌握正确的学习方法，让学生主动获取知识，敢于质疑、敢于思考，让学生习惯使用自己的思维去理解知识，对知识进行创新。当下是互联网时代，学生可以从更多的途径获取知识，一般情况下，学生可以借助于网络平台进行自主学习，但是，如果知识比较复杂，涉及系统化的知识或知识创新，那么学生还需要借助于教师的引导，在这样的情况下，教师需要学习运用现代技术方法，帮助学生不断地探索、创新知识。

教师应该成为学生发展路上的促进者。教师除了向学生传授知识之外，也要督促学生学习，对学生进行教育方面的管理，给予学生思想上的陪伴。换言之，教师的工作重心不仅仅是教学，还应该注重学生的思想品质方面的提升，尤其是在互联网时代下，教师更应该注重学生自身价值和个性的体现，让学生更好地成长与发展。

第二，从课程的执行者转变为课程的建设者与开发者。教学发挥作用的过程需要依赖于课程，课程也是师生进行思想交流、互动的基本渠道，课程讲授过程中教师不用完全局限于教材当中的内容，可以对教材内容进行一定的拓展，以此让知识和内容更加适合学生的学习需求以及学生的思维发展。相比于学生之前的学习，现在的课堂更加自由，师生之间可以更加自由、更加开放地探讨学习内容，不仅如此，教师也会在课堂上给予学生更多的机会，让他们自由地表达想法。从这一点可以看出教师角色想要转变，还需要借助于课程开发、课程完善，如果教师可以让课程内容与时俱进，学生就可以在课堂当中获得更为优质的体验。除此之外，教师提供与时俱进的内容也可以丰富自身的见识，提升自身的能力。在新时代的环境下，教师除了是课程内容的传授者之外，也要变成课程的开发者和建设者，转变自身角色，为学生提供更加优秀的课程内容。

第三，从"教书匠"转变为教育教学的研究者与反思的实践者。在信息技术快速发展的情况下，学习环境变成了数字化的学习环境，环境的变化要求教师转变教学方式，创新教学方式。传统的教学是教师拿着粉笔站在讲台上奋笔疾书向学生传递知识，但是，现代教师的任务不只是教书，还要通过教学活动推动学生个人发展。想要真正完成这些教学任务，教师必须研究教学方法，反思自己的教学过程，让课堂更加符合学生的发展需求。教师应该针对重点教学问题展开反思，总结教学问题出现的原因，并且使用科学的教学方法、与时俱进的教学理念，让教学真正发挥促进学生成长的作用。

②教师角色的转变。

教师被誉为人类的工程师、人类文明的传播者，教师一直承担传播知识思想、塑造学生的时代责任。在人类发展过程中，教师的角色一直是多种多样的，也一直承担着时代发展的重任。步入学校生活之后，学生除了学习知识之外，还要进行人际交往、积累生活经验，学生在这些方面依然需要教师的指引。所以，教师需要明确自身职责，注重自身经验的积累，在实践过程当中不断地强化自己的育人本领。

第一，转变思路，更新教育观念。人的行为受到观念的指引，教师的教育观念一定会影响自身教育行为。在大数据时代，教育活动可以使用的方法手段更多，教学过程中也出现了新的挑战、新的考验，这些情况的出现需要教师结合实际教育需要去探索、去创新。所以，教师必须转变自身的角色定位，主动跟随时代发展，不断地进行教学方面的探索创新，为教学注入新鲜血液。教师在开展教学活动或者投入科研工作的时候，需要明确自身作为教师的社会责任，需要选择适合当下时代发展的教育观念，引导学生，帮助学生成长。

教师更新教育观念的时候要注意树立大局意识。要承担自身的责任，培养出全面人才，教师必须意识到自己的职责，要意识到自己这个职位的重要性。教师是学生成长路上的重要指导者，教师应该按照人才培养目标去培养学生，为教育活动的开展投入精力，为学生成长提供精准的教育内容、正确的教育方法。

教师不能把分数至上当作教学观念，必须改变以前唯分数论的教学思想，创新教学方法，致力于培养出身心全面发展的当代学生。只有致力于学生的身心发展，才能培养出德才兼备的学生。

第二，立足自身，提升专业素养。传统教学对教师的专业素质要求相对单一，一般情况下只考虑教师的教学水平和知识储备情况。但是，新时代环境下，教师要承担更多的责任，完成更多的任务，人们对教师提出了更高水准的要求。在这样的情况下，教师必须注重自身能力和素养的提升，不断地进行自我提升。

教师应该提高自身的知识素养水平。除了本专业的知识素养之外，还需要提高其他学科的知识素养，换言之，在新的环境下，教师的知识体系必须更加完善，教师必须有终身学习意识，致力于自身能力的全面提升。

教师应该提高信息技术能力，当下的时代是"互联网＋"的时代，教育和互联网也进行了更深层次的结合，这要求教师必须掌握信息技术的运用方法，将信息技术应用在教学活动和科研活动中。

教师应该提高人文素养。教育始终是以人为本的教育，一直致力于培养出全面的人才。换言之，教育是为了让学生掌握学习方法，掌握生存技巧。所以，教师要注重人文素养的提升，除了教给学生知识之外，也要促进学生在其他方面的成长，让学生成为德才兼备的优秀人才。

第三，以学生为本，加强师生互动。目前，教师队伍越来越年轻化，年轻教师的加入使师生之间的距离变得更近，师生之间可以进行更多方面、更为充分的互动。在有效的互动当中，教师可以了解学生的真正想法，以及学生的人生观、价值观。这样，教师就可以从学生的角度出发因材施教，并且利用自身的引导力量培养学生对学习的兴趣，让学生主动积极地参与学习。除此之外，教师还可以渗透到学生的生活当中，和学生进行日常交流，分享彼此对生活的心得体会，教师可以向学生传授更多的人生感悟、人生经验，在这样的互动中，二者可以实现共同进步。

③教师的社会角色。

社会角色是社会学上的一个概念，包含两个方面的含义：第一，社会角色是一套行为规范，即社会对特定地位的人做出的关于权利、义务、行为的规定；第二，社会角色是一套行为期待，社会之所以要对特定社会地位的人做出行为模式的规定，就是希望他按照这一行为模式办事。可见，社会角色实际上就是对具有特定身份的人或人群的行为活动的规范和期望，它构成社会群体或组织的基础。教师作为社会的一个特殊群体，具有特定的社会角色。从教师职业变迁来看，原始社会的教师大都由氏族中经验丰富的老年人担任，即"长者为师"。在中国，真正意义上的教师的前驱是"士"，本来是官府中的最低级官吏。春秋战国的巨大社会变革，使他们大量流落到民间，"士"中的一部分（孔子、墨子、荀子等）开创了私人讲学，成为中国历史上第一批职业教师。

（2）教师的专业化

①教师的工作特点与职业品质。

第一，教师的工作特点。20世纪80年代，国际上对于教师专业标准的研究开始成为教师改革和教师发展的一个必不可少的部分，并且提出教师的专业崇高性。而教师要从一种"职业"变为一种"专业"，建立科学的教师专业标准是其基本标志。教师属于专业人员，教师就必须符合专业人员的标准，即专业人员必须运用专门的知识与技能，必须经过长期的专门训练，必须具有重服务、轻报酬的观念，必须享有相当的独立自主权，必须有自己的专业团体与明确的职业道德，必须不断地在职进修。特别是教师的工作更有其特殊性，表现在性质上有专业性；对象上有能动性和高层次性；过程上有复杂性、创造性；形式上个体性与集体性兼有；态度上有个人自觉与职业良心；方法上有时空延续性和不确定性；成果上有模糊性、滞后性和长效性。教师是履行教育教学职责的专业人员，承担教书育人、培养事业建设者和接班人、提高人民素质的使命。

国际上主要存在三种关于教师与标准之间的关系模式：教师专业标准与教师资格无直接关系，代表国家是美国，有教师资格并不代表达到教师标准；教师专业标准与教师资格挂钩，代表国家是英国，教师资格是教师专业标准的最低要求；第三种较为复杂，对教师专业标准进行了分类和分级，代表国家是澳大利亚，对教师专业进行了较为具体的区分，我国的香港特别行政区也采用此标准。无论哪一种关系模式都透露出对于教师专业要求的高标准、严标准的特点，突出了教师专业发展的重要性，也表现出了教师工作的复杂性和特殊性。但目前都还缺少专门针对教师的专业标准文本。

第二，教师的职业品质。一般而言，教师的职业品质包括四个方面：高尚的职业道德、渊博高深的知识和研究能力、教育家的意识、教育科学研究的能力。

爱国守法。热爱祖国是每一位教师都要遵守的规定，教师要按照宪法和法律中的规定自觉维护国家利益，确保校园内部和谐。

敬业。教师应该忠诚对待教育事业，树立职业理想，把培养学生、参与科研、服务社会当作自己的职责，在岗位上辛勤奉献，刻苦钻研，与此同时，热爱学生，真诚地关心学生，对所有的学生公平公正，做学生的朋友。

教书育人。教师的基本职责就是教育学生，促进学生形成良好的品德，教师应该注重素质教育的开展，要引导学生知行合一，在教育过程中也要注意因材施教，培养学生的个性，同时关注学生的全面成长，对于学生提出的合理要求应该尽量满足，教师不应该从事对自身工作产生不良影响的兼职工作。

严谨治学。教师应该以严谨的态度对待教学，精益求精，始终把追求真理当作自己的科研目的，不断地在自己的领域内探索，始终拥有学术良知，实事求是地对待问题，遵守学术规范，保护他人的劳动成果，尊重他人的学术创作，维护学术尊严，始终诚实守信，避免浮躁之气，并且抵制学术作弊行为。

服务社会。教师应该承担自身的社会责任，为国家发展服务，在工作过程中传承优秀的传统文化，为人民提供知识服务，积极参与社会当中的实践活动，承担自己的基本责任，为社会提供与本专业有关的服务支持。

为人师表。教师是世人行为的典范，教师应该志存高远、以身作则，用自己崇高的师德、高尚的个人魅力去感染学生，引导学生成为公平正义之人。教师应该严格遵循社会公德的要求，发挥自身的模范榜样作用，始终举止文明，对自身严格要求，做到清廉自律，不做任何可能有损教师职业声誉的不良行为。

②教师专业标准及其发展。

第一，教师专业标准。教师专业标准，一般是国家的教育机构依据教育目的和教师培养目标等制定的关于教师培养、教师规范和教师聘用等方面的指导性文件，是对教师专业地位的一种确定，同时也是对于是否符合教师这一职业称呼的具体要求。

《中学教师专业标准》的文本框架一般包括三部分：基本理念、基本内容和实施建议。基本理念，即教师作为专业人员在专业实践和专业发展中应当秉持的价值导向；基本内容由维度、领域和基本要求组成；实施建议是对教育行政部门、教师教育机构、学校及教师提出的相关要求。其中，基本理念对教育发展和教师专业化发展具有定向作用。

目前，我们可以将"师德为先、学生为本、能力为重、终身学习"这四个基本理念直接用于教师的身上，使之成为教师作为专业人员在专业实践和专业发展中应当秉持的价值导向。因为这四个基本理念，科学合理、凝练准确、有先进性，并且简明扼要、贴切实用、易于传播与接受。其中，"师德为先""学生为本""能力为重"的理念既体现了对中国教师群体长期坚持的基本追求，也体现了现代教育发展对教师素质的新要求，是传统与变革的有机结合。而"终身学习"的理念更多地包含了信息社会背景下对教师专业发展所提出的新要求。教师树立了这四大基本理念，对教育发展具有积极良好的导向和评价作用。因为有怎样的教师理念就会有怎样的教师实践，教师理念虽然不同于教师实践，但教师工作实践却反映了教师的基本理念。教师应当用这四个基本理念规范自己的教育思想和日常的教育教学行为。

当然，现代教师"师德为先、学生为本、能力为重、终身学习"的基本理念，也可以落脚在大教育家孔子所提出的"学而不厌，诲人不倦"八个字中。勤奋好学，永不停止，历来就是中国知识分子的传统美德。《论语》开宗明义讲："学而时习之，不亦说乎？"孔子一生"食无求饱，居无求安，敏于事而慎于言，就有道而正焉，可谓好学也已"。他说，"三人行必有我师焉""敏而好学，不耻下问""十室之邑，必有忠信如丘者焉，不如丘之好学也"。向一切比他高明的人学习，其学习热情达到了"发愤忘食，乐以忘忧，不知老之将至"的地步，即使在弥留之际孔子还坚持读书。王充在《论衡·别通》篇中说："孔子病，商瞿卜期日中。孔子曰：'取书来，比至日中何事乎？'"孔子病危，商瞿占卜后知道过不了中午。孔子说："拿书来，从现在到中午还有什么事呢？"这印证了孔子的另一句话："朝闻道，夕死可矣。"王充对此评论道："圣人之好学也，且死不休，念在经书，不以临死之故，弃忘道艺，其为百世之圣，师法祖修，盖不虚矣！"也正是孔子这种好学乐学的精神，从而奠定了他终生为师的条件。然而，在现实中我们经常看到，有些教师自身很有学问，但对当教师不感兴趣，对教学工作敷衍塞责，能做到学而不厌，却很难达到诲人不倦。

热爱学生是一个教师必须具备的条件，也是一个教师做好教育工作的前提。所以，古代教育家都把热爱学生看成教师的基本美德。孔子就最懂得爱护学生，他主张"有教无类"，无论贫富、贵贱，即使"难与言"的"互乡"之人，他也能用一颗爱心善待他们，不厌其烦地给他们以热诚的教育，真正做到了"诲人不倦"。在日常生活中，孔子十分关心他的弟子，学生有病定去探望，弟子有困难设法帮助，他伟大的人格力量和对弟子的真诚呵护，赢得了弟子们的尊敬和爱戴。

总而言之，教师职业要有自己的理想追求，有自身的理论武装，有自觉的职业规范和高度娴熟的技能技巧，具有不可替代的独立特性。教师不仅是知识的传递者，而且是道德的引导者，思想的启迪者，心灵世界的开拓者，情感、意志、信念的塑造者；教师职业的专门化和教师专业标准，既是一种知识，更是一个奋斗过程；既是一种职业资格的认定，更是一个终身学习、不断更新的自觉追求。

第二，教师发展。通常情况下，教师发展包含各种类型、各种方式的教师能力提升，在这样的情况下，相当于教师要进行终身学习、终身提升。如果从狭义的角度，可以将教师发展理解成对刚进入学校工作的教师进行能力方面的培养，让教师尽快完成自身角色的转变，更好地适应这个职业；从学校的角度来讲，对教师进行在职培训、注重教师的发展可以让教师更好地适应学校工作。

青年教师首先要站稳讲台。从 20 世纪 80 年代末到 90 年代初，我国教师队伍开始出现新老交替，许多有着丰富教学经验的老教师相继退出教学第一线，接班的都是一大批刚刚毕业留校任教的青年教师。师资队伍面临青黄不接的状况，青年教师在教学经验还没有准备充分的情况下直接上岗，这在一定程度上影响了教育的质量。21 世纪以来，伴随着教育的跨越式发展，教师队伍面貌发生了历史性变化，大批青年教师成为教学科研的主力军。

因此，这些新到学校的青年教师，他们大多具有较高的学历，充满活力，但不少人课堂教学经验不足，数量也不足。由于教学任务很重、课时较多，青年教师到校后来不及充电就要迅速走上讲台。虽然不少学校对于青年教师的培养是重视的，采取了岗前培训、出国进修、基本功大赛、全员听课、教学团队建设等措施，取得了一定效果，但与青年教师数量迅速增加，以及新时期教育教学工作对青年教师的要求相比，尚有较大差距。同时，青年教师本人生活压力很大，易分不清主次。很多刚入职的青年教师虽是博士毕业，但由于一直进行的都是专业课程学习，科研的思维一直占优势，缺少师范类课程的训练。虽然对于专业知识了解透彻，但一上讲台就比较模糊。他们也希望自己能够很快过教学关，把课上好，成为新一代优秀的教师。为此，就必须采取一些有效措施帮助青年教师站稳讲台。

①给予青年教师更多教学上的关心和指导。一般而言，新入职教师经验少，容易胆怯，这就需要老教师和领导给予他们更多的关心和帮助。除鼓励青年教师参加进修和培训外，要通过互相听课、评课等形式，共同探讨和研究教学中遇到的问题，寻找解决问题的方法；特别是要从备课抓起，指导青年教师做好教学设计，写好课程实施大纲，选择好教学内容和方法。同时，青年教师在现代化教学媒体和手段的应用方面有优势，可以帮助青年教师将现代化教育教学思想与信息技术结合，调动青年教师研究教育教学的积极性。从长远着想，还要通过指导青年教师阅读《教育学》《心理学》等书籍，提高他们的教学理论水平和对教学的反思总结能力，不断改进与完善课堂教学方式。老教师也要处处为青年教师作好

表率，积极宣传青年教师的教育教学成绩，关心青年教师的生活，加强交流与切磋，不求全责备，及时消解青年教师可能出现的对教学厌倦和抵触情绪，通过认真、耐心和热情地指导、督促和检查，严格要求，避免走弯路。可见，促进青年教师专业成长，不只是单纯强调教学技能，还要关注教师职业能力的提升，使青年教师获得职业安全稳定与成功。

②全面开展"青年教师授课竞赛"活动。青年教师授课竞赛在激励青年教师不断提高教学水平的同时，也让青年教师更加热爱教育事业。授课竞赛的过程使得自己对教学的每个环节都有了更多的思考，竞赛的结果使得自己对教学更有自信、更有兴趣，对以后的教学工作也是一种鞭策和激励。在竞赛的鞭策、激励和督导下，青年教师会迅速发展和成长，尤其能促使一部分青年教师很快脱颖而出。事实证明，很多曾经参加青年教师授课竞赛并获得奖励的青年教师很快就成长为学校教学科研的骨干力量。为此，各学校都普遍举行"青年教师授课竞赛"活动。这项活动如今已成为衡量青年教师教学水平的重要标准赛事，参赛对象的职称已不再限于讲师及以下，参赛者的参赛目标也已不仅仅是职称的晋升，而是使自身的教学水平得到广泛展示和认可。

③建立和完善青年教师助教制度。我国有实施青年教师助教制度的传统。虽然青年教师在入职后都要参加系列的岗前培训，但培训往往流于形式，即使有一定的收获和提高，但并不持续，新教师本人对学校的认识、对教学的理解很有限，教学能力持久全面提高的机制不完善，因此，推进教学工作的老中青相结合，发扬传、帮、带的作用，以加强对青年教师的培养。此外，一些学校恢复了青年教师助教制度，由学校指定教学经验丰富的老教师担任其指导教师，形成"师徒制"，加强对青年教师的培养与培训，使青年教师学习先进的教学方法，积累教学经验，增强他们教书育人的责任感和使命感，提高教学能力。许多学校还组建了教学团队，实施了新、老教师结伴成长计划，老教师要帮助青年教师尽快站稳讲台。这都是当前提高学校教学质量的有效举措，需要继续坚持下去并不断更新和完善。

④正确处理科研和教学之间的关系。学校能够良好发展主要依托于教学工作、科研工作，教师除了日常的教课之外，也要参与科研工作。从理论的角度进行分析，教学和科研是相互促进的关系，但是，无论是教学工作还是科研工作都需要教师付出时间和精力，所以教学和科研有的时候会有冲突。

目前，很多教师无法正确处理教学与科研之间的关系，有的教师将大部分的注意力放在科研方面，对教学工作的开展积极性不高，没有关注教学问题。这导致教学质量受到了影响，甚至有一部分教师完全把科研活动看成是自身职称评定的途径，没有关注科研活动本身具有的重大价值和意义，而是想要通过科研研究的方式博得更好的名声，也就是完全为了科研而从事教师这项工作。但是，教学对科学研究的影响是重大的，如果科研脱离了教学，那么科研没有办法向更高的水平提升，如果教学脱离了科研，教师也就很难真正向学生传递科学探究过程当中的无限可能性，很难让学生感受到科学探究所带来的巨大创造力。换言之，教学和科研之间的关系应该是相互促进的，学校发展过程中，教学是其基本任务。与此同时，科研活动的开展也是它发展的重要任务，在知识发展过程中，教学一直处于前沿状态，只有了解现代的技术和知识，教师才能真正地提高教学效果。换言之，只有参与科研，教学水平才能真正地提升。在参与科研的过程中，教师也可以从中获得教学灵感。如果教师不关注科研、不参与科学研究，就没有办法及时了解本学科的领域内的发展动态，不会对学科发展产生更深刻的理解，没有办法和学生分享自己参与学科研究的领悟体验，没有办法传递给学生参与科研的严谨态度，更不会让学生掌握参与科学研究的基本方法、基本思路。如果没有科学研究的相关工作经验背景，那么上课的过程中教师能做的只是宣读教材当中的内容，没有办法真正培养学生对专业学习的兴趣。

学校的发展离不开科研工作。学校想要教学水平有所提升，就必须依赖一流的科学研究。科学研究是学校进行创新的根本，学校发展过程中不进行创新就没有办法培养出优秀人才，也没有办法培养出优秀教师。只有成为优秀的研究者，才可能成为优秀的教师。因为只有研究者才有能力引领人们去探求知识的本源，也只有优秀的研究者才具有科学精神，优秀的研究者就是学问的化身，和优秀的研究者进行交流探讨可以发现科学的本质。在这样优秀的人的引导之下，学生也会产生科学探究的兴趣。而且，只有优秀的研究者才能向别人传授新鲜的知识，普通的教师只能传授课本当中的固化的知识。

除此之外，作为教师，想要提升自身的水平，不能仅仅依赖于听课，而是要去实践、动手，真正地参与科研。对教师提出科研方面的要求不仅是为了助力科学发展，也是为了提高教学质量。只有参与科研活动才能获得学问、获得知识，才能创新思想。

教师想要协调教学和科研之间的关系，就需要考虑自身条件，科学地分配自己的精力和时间。教师想要开展科学研究，就必须先做好基本的教学工作，在此基础上搞科研项目，去提升学校的教学质量、教学水平。正确的做法是同时进行教学和研究，让研究成为教学的指导，让教学成为研究的实践。教师可以利用科学研究的方式了解学科的发展动态，了解社会对领域、人才的最新需求。在了解的基础上，才能为学生做出正确的指引。如果缺少科学研究，那么教师只能变成熟悉理论知识的职业教书工匠，没有办法为本领域的发展做出贡献。对于年轻教师来讲，正确看待科研和教学之间的关系是尤为重要的。只有有了正确的认识，才能做出正确的行为。教学工作、科研工作的开展都要求教师投入精力、时间。在真正进行选择的时候，教师还要结合实际情况，如果学校本身有非常强的科研能力，能够为自己的科研提供硬性条件方面的支持，那么就可以将更多的精力放在科研方面。相反，如果学校自身的科研水平有限，那么教师应该尽可能将自己的注意力时间放在教学方面。除此之外，年轻教师还要思考自己擅长哪个方面。如果自己擅长教学，那么可以将更多的时间和精力放在教学方面；如果自己擅长科研，那么可以多将自己的时间和精力放在科研方面。一个在教学方面取得良好成果的教师不一定会在科研方面也获得优秀的成果，同样的道理，在科学研究方面取得大量成就的教授不一定能够很好地开展教学活动。作为年轻教师，必须认真思考这些问题，然后决定自己成长过程当中的侧重点，这样才能避免自己走过多的弯路，才能尽快找到自己的职业发展方向。当然，这一切的前提都是教师必须把教学当作是基本任务、首要任务，在此基础上去正确看待科研和教学之间的关系。

总体而言，无论是教学还是科研，意义都是多方面的，二者之间的联系也不是简简单单就能讨论清楚的，对二者关系产生影响的因素过多。所以，在实际操作的过程中要分析多种因素的影响。但是，本质上二者是相互促进的，学校的发展目标始终是培养出优秀的人才，所以很多学校一直把教学作为自己的根本任务。但是，科学研究能够助推教学的发展，所以学校也要关注科学研究。对于学校而言，教学和科研是发展过程中不可或缺的两个翅膀，只有让二者协调发展，学校才能稳定发展。

2. 教育中的学生主体

（1）"以人为本"的学生发展

教育的重要性体现在育人方面，即为国家、社会培养出具有鲜明时代特征、有很强创新力和想象力、具有独特个性的优秀人才，因此必须坚持"以人为本"的教育理念。

① "以人为本"促进学生个性发展的重要性。

现如今，学生正处于发展时期。这一时期的学生性格特征明显，如不够成熟、对社会认知较浅、社会经验不足、社会情感缺乏、意志不够坚定等，我国教育坚持"以人为本"的理念可以很好地解决这些问题。初中学生生理与心理都不成熟,虽然很多学生的文化课成绩相当优异,但个人的个性特征又相当明显。因此,教育需要因人制宜地制定相关的教学内容和教学方法,关注学生的个性发展和心理状况,尽可能地减少学生之间的差异,有意识地培养学生的自我认知能力、自我提高能力和自我完善能力。但也不能过分要求对学生个人素质的培养,要在潜移默化的教学过程中培养学生的团结协作能力、团队服务意识。

"以人为本"的教育理念能够促进教育的发展,这一教育理念具有强大的凝聚力、创造力和人文性。在这一理念的支持下,教育要采用多样化的方式对学生进行评价,为学生的个性发展提供充足、自由的空间,从而引导学生能够学会正确地认识自我、评价自我、控制自我和设计自我,提高学生的创新能力,为学生踏入社会、适应社会的发展提供良好的条件。

②"以人为本"与学生个性发展。

第一,转变传统的教育观念。现代社会对人才的需求是具备较强的创新能力、适应社会的能力、实践能力等,所以我国的教育需要在教学过程中转变传统的教育观念,树立新的人才观。在教学过程中要采用多种手段激发学生参与的积极性,由于每个学生的生活环境、性格气质、对知识的掌握能力、生理发育状况等各方面有很大的差异,就需要根据这些差异转变教师的教学观念和教学方法,在实际教学过程中做到因势利导、因材施教,从多方面提高学生的学习成绩、创新能力、学习经验等,让学生的才能和天赋得到充分发挥,为国家和社会提供全面发展的优秀人才,这也是教育坚持"以人为本"的原因之一。

第二,树立平等的观念。在教育中,师生要树立平等的观念。教师要学着尊重学生的独立性和自主性,学生具有独立人格。学生也要尊重教师,在尊师重教的基础上向教师学习,提高自身的能力。在教育过程中,要摒弃传统的教学方法,建立起相对平等和相互尊重的师生关系,帮助学生树立自尊、自信、自立、自强的信念;改变传统的教学评价方式,要多样化、丰富化;为学生提供充足的发展空间,如根据学生的学习兴趣设立相关课程、激发学生自主选修课程、开展相关讲座沙龙、提倡学生跨校听课等,从而培养学生发展创新的能力,促进学生的个性发展。

第三,对特殊的学生群体给予关注。教师都应该针对学生的个性特征,充分发挥学生的潜能。西方现代人本主义心理学家马斯洛曾经提出"自我实现",也就是激励学生,让他们自己的潜能得到实现。因此,教师就需要对学生进行教育和指导,重视潜能的培养、个性的发展,充分体现以人为本的教育理念,充分体现以学生为中心的教学原则。但面对一些特殊的学生群体，如不合群的、内向、以自我为中心的学生，就需要教师对他们给予更多的关注，了解他们的具体情况，提出相应的解决方法。

第四，坚持"以人为本"，构建和谐校园。在教育中坚持"以人为本"的教育理念，构建和谐美好的校园，需要从以下方面进行。

营造良好的管理环境。一个和谐、温馨、美好的生活环境可以充分调动学生的学习兴趣和积极性，使学生的心情舒畅，让学生在愉悦的环境中学习和生活，可以提高学习效率和做事水平，提高学生的文明程度，为学校的建设和发展带来生机与活力，充分营造出一个积极向上、尊重他人、共同发展的校园文化氛围，无时无刻让学生感受到学校为学生提供的人文关怀和温暖。这样的环境可以改善学校的教学质量，增强凝聚力。

营造鼓励创新的校园文化氛围。在学习生活中，除了正常的教学生活外，还需要鼓励学生积极参与各种学术讲座和学术论坛，开展各种学术活动，创设相关的创新基金，激发学生学术思维，鼓励学生发表自己的学术思想和看法，提出自己的学术见解，提高学生的创新能力。

营造良好的竞争氛围。除了积极鼓励学生参与学术讲座和学术论坛外，学校还要为学生的发展提供更多的表现机会，如举办一些校内比赛、地区性竞赛、全国性比赛等，让学生在参与竞赛的过程中潜移默化地提高自己的竞争能力，培养良好的心理素质，从而在全校形成一种积极向上、不惧压力、主动参与和永争第一的学习氛围。

在学校中营造良好的学习氛围，需要坚持"以人为本"的基本原则，在学校内部创设适合学生发展的管理制度和竞争环境，避免对学生进行高压式的管理模式，让学生在平等、和谐、自由的环境中健康发展。

综上所述，教育是否能够为国家和社会提供所需要的人才，可以作为衡量一个国家经济社会发展是否先进的标准之一。我国教育在教学过程中坚持"以人为本"的理念，可以实现学生身份的转换，从被动接受教育者转换为主动接受者，把学生当作受教育的客体转换为接受教育的主体，将提高学生的自我修养、自身素质与能力作为教育活动的目的。但这也对教师提出了更多的要求，教师要不断地提高自身的教学能力，加强教师的自我修养，在教学过程中把尊重、提升和发展学生的主体性作为教育的目的之一。教育之所以要坚持"以人为本"的教育理念，就是要尽可能地促进学生的个性与发展，为社会提供个性完善、人格独立、创造性强的人才，突出教育对社会人才培养的重要作用。

（2）自由与学生个性的发展

在改革开放全面推进之后，社会的开放程度明显提高，人们的思想也变得更加开放，这样的环境下人们更加注重个性的发展。与此同时，社会步入了知识经济时代，更关注创新人才，这使得教育也开始注重学生的个性发展，为学生的个性发展提供了更充分自由的空间。

①个性与个性发展。

个性指的是个体心理特征中非常稳定的一种特征，它能代表个体心理特征中的某种情感倾向，个性的形成会受到遗传、学习和成长等因素的影响，个性特征主要体现在学生需求、兴趣、性格、价值观及能力等方面，个性的形成以生理作为基础。在这个前提下，社会当中的主体和客体在相互作用的时候促成了个性的生成，形成个性代表个体具有了一定的特殊技能、特殊能力，代表个体的需求层次有了一定的提升，代表个体有了自己的兴趣爱好、价值观。

个体的个性发展既有利于自身的成长，也有利于社会的进步。首先，个性得到充分发展的个体会更加积极主动，他们有积极向上的内在动力作为支持，在这种动力的支持下，个体更容易成长为有才华的人、成熟的人。其次，个体的个性充分发展可以助推社会的发展进步，社会是由基础的个人组合成的集体，但并不是所有个体奋斗成果的简单合成，而是整个集体共同发展之后获得的进步成果。个性的发展有助于机体经验范围的扩大，进而可以实现人类的整体发展。最后，我国曾对个性的发展形成了错误的看法，过于注重教育的同一性。为了纠正这种错误，我国更应该支持学生的个性发展，为学生提供有利于其个性成长的环境。

②自由与个性发展。

班级教学知识在学校教育当中的应用极大地提升了学生的培养效率，但是班级教学的教学模式非常单一，而且所有的学生都要遵循规章制度当中的约束。这使学生从教学当中获得的自由越来越少，培养出来的学生越来越统一。在这样的情况下，人们有意识到了自由缺失的严重性，开始倡导教育要关注学生自由，关注学生个性成长。

自由的解释有很多种，本书中的自由指的是人在社会活动中具有的活动自由。在步入现代社会之后，个体有越来越大的活动空间。在社会活动空间当中，个体自由不能妨碍他人的正常活动，换言之，这种自由是需要承担一部分责任的。首先，它不可以影响他人自由活动的基本权利；其次，个体需要承担自己自由行为带来的后果。总体而言，这种自由属于消极自由，它有权不被别人干涉，但是它又不是完全的消极自由。它在不被别人决定的时候，也在试图去冲破外在枷锁和限制，想要去努力，所以它也有积极的成分。消极自由在一定程度上为个人的成长与发展提供了基本保障，但是也让自由有了一定的约束，避免了个人的我行我素。

个体和他人之间的区别主要通过个性来体现，如果个性发展受到了外在的压制，那么个性便没有办法体现。所以，个性发展需要自由，需要自由的时间、自由的空间，只有依赖于时间和空间的支持才能实现个性发展。在社会活动当中可以获得自由活动、自由生长的机会，也可以在活动当中不断地进行自我反省、自我评价，肯定自己的优秀之处，改正自己的不足之处。自由并不是完全自由，而是有责任的。责任赋予了人主动性，让人可以主动选择、主动发展，主动实现自我，自由具有的责任极大帮助了个人能力、个人性格、个人世界观的形成与构建，在个性发展过程中必然离不开自由，个性得到自由发展之后，人的理性也会在一定程度上有所发展、有所进步，理性的发展可以让个体更好地运用自己具有的自由权利。

学校是重要的人生发展阶段之一，学校对个性的形成及个性的发展有重要影响。在这个阶段，学生会形成更强的自我意识，会有更高的思考能力、创新能力。所以，学校需要为学生提供适合其个性发展的校园氛围，教育自由主要涉及学生、学术、教师以及学校自治方面的自由，学校应该尽最大努力为学生的个性发展创建适合的自由的教育环境。

③学生自由与个性发展。

学生自由包括两方面的内容：首先，学生自由指的是学生可以在学校举办的教育活动当中自主地参与活动，换言之，学生会获得更多的教育主动权、教育自主权，他们掌握了他们权利范围内的教育自由。但是，之前的传统教育模式更加注重教师权威性的树立，强调教师是绝对正确的。在这样的情况下，学生的主体性没有得到重视，学生往往是知识的被动接受者，培养出的学生没有较高的创造能力。其次，生活自由指的是生活方面学生具有的自由。学生的自由是在某个范围之内的相对自由。

第一，学生自由让学生有了更加协调、更加和谐的生活环境，他们转换了角色，不再是教育的被动接受者，而是变成了参与者。他们可以在教师的指引之下自由、自主地参与学习和生活，而不是处于被监视、被处罚的学习环境当中。学生得到了自由之后，可以将自己的想法表达出来，也不会因为自己想法的与众不同而受到他人的责罚。不仅如此，学生在展示自己的与众不同时，可能会得到教师的嘉奖。这有助于学生个性养成，有助于学生创新能力的提升。

第二，学生拥有更多自由之后，学生的学习时间、学习空间都会得到解放。学生可以对多余的时间进行自主掌控、自主支配，这些闲暇时间才是个体与个体之间出现差异的重要原因。最开始，人类就是利用闲暇时间进行学习的，学习的出现导致了最初人类个体和个体的不同，一部分人利用学习得到了更好的发展。现在也是一样的，学生完全可以把自己的业余时间利用起来，学习自己喜欢的项目，发展自己的爱好，开阔自己的视野，树立正确的人生观、世界观，而且业余时间当中，学生可以开展读书、社交、娱乐等方面的活动。这可以使学生的日常学习节奏有一定的调节，也可以让学生从其他方面获得自信，有利于激发学生内部的积极因素、潜在因素，让学生的能力得到全方位的发展。

第三，赋予学生自由，要求教师转变自身的工作角色、工作地位。教师和学生处于教学当中的平等地位，教师在某种程度上是学生学习的指导者，而不是之前的监督者和决定者，在这样的情况下，学生可以展开自主学习，可以自由处理遇到的生活问题。但是，在获得自由的同时也要承担更多属于自己的责任，要求学生遇到事情要仔细思考，要认真对待。例如，在选择要学习的内容时应该考虑社会需要，也要考虑自己的兴趣爱好。在学生获得一定的主动权之后，学生的积极性、主动性会使得学生积极地表现自我，彰显自我，在这种自我表现过程中，学生可以更为全面地提升自我，在个性自由发展的过程中，学生也会提高自己产生的需求层次，不断地提升自身能力。

学生自由可以在最大程度上影响学生，它会直接助力学生的个性发展。除此之外，教师、管理以及学术方面的自由会对学生的自由个性的发展产生间接影响，学校可以从整体角度出发为学生构建适合他们个性发展的自由环境。

④教师自由与学生个性发展。

这里提到的教师自由指的是学校应该对教师进行相对自由的管理，给予教师一定的权利，让教师可以自由选择教学内容、教学方法，让教师在教学中展现教学个性。

教师自由可以潜移默化地对学生的个性成长产生影响，英国著名物理化学家和思想家波兰尼的缄默知识塑造了全新的知识观念，从科学角度对教师自身素质的重要性，以及教师的以身作则的有效引导作出了解释。他的知识可以分成两个类别：首先，缄默知识，指的是没有办法使用语言表述的知识，这类知识的特点是情境性及个体性，它们的影响是潜移默化的。其次，明确知识，指的是教材当中的知识，这些知识可以使用语言的方式表述出来，教材当中的知识不能对学生的性格产生影响，学生的性格主要受到日常的实践活动的影响。一般情况下，教师的教学风格会影响到学生的气质及学生的性格，教材中的知识需要借助于教师的讲授才能发挥作用。如果学生喜欢教师的教学风格，那么教师就会对学生的性格和气质产生积极的影响。

⑤学术自由与学生个性发展。

学术自由最重要的方面有两个：一是思想自由，二是言论自由。思想指导行动，思想的发展会直接影响学生的个性发展。只有学生具有了独立的思想，学生才能是个性的学生。学校注重学生对知识和真理的掌握，但是无论是知识还是真理都存在相对性，知识和真理是不断完善、不断优化的，而且个人对知识和真理的理解角度不同也会形成多样的理解结果。所以，个体的思想必须承认这种多样性，只有承认多样性，个体才能是个性发展的，学校应该允许学生自主进行知识的探究、自主选择知识的了解角度。如果学校对学生进行自由压制，没有给学生自主探究的机会，那么学生就没有办法形成独立的思维，也没有办法成为有个性的人。

综上所述，想要为学生的个性成长创造更优秀的环境，那么需要做到学生自由、教师自由及学校的治理自由，教育首先应该把学生看成独立成长的个体。虽然自由具有双面性，但是如果可以合理地运用自由，那么能更大程度地促进学生发展，也能使学校更好地发展。学校应该从尊重学生的角度出发为学生的个性发展提供自由的环境，真正做到学生全面发展和个性发展的结合。

3. 师生主体的关系建立

师生关系是学校各种关系中最基本的，也是最核心的关系。建立良好的师生关系是学校的教育教学、科研和管理工作顺利进行的保障，提高学校核心竞争力的关键。因此，正确理解良好师生关系的内涵和意义，认识和把握制约与阻碍师生关系良性发展的问题，从而采取切实和合理的措施来解决这些问题，对于建设一种民主的、平等的、充满活力而又健康的良好师生关系，具有重要的意义。

就学生的本质属性而言，首先，学生是教育对象。学生在学校的主要任务是接受教育，是学习者，是受教育者，是实施教育的客体，这是教育活动客观规律的体现。其次，学生又是学习的主体。教师的教必须通过学生的学才能实现，外因只有通过内因才能起作用，必须强调和指明学生是学习与发展的主体，必须充分发挥学生的主观能动性。最后，学生是发展中的人。一是人的遗传素质为学生的发展提供了可能，二是学生还有赖于教师的培育，三是学生处于发展变化之中。所以，一般意义上的师生关系，在内容上是授受关系，在人格上是平等关系，在社会道德上是互相促进的关系。

在教育中，教师和学生为完成特定的教育任务，在教育教学过程中形成了一种特殊的社会关系。这种社会关系以实现教育目标任务为目的，以情感为纽带，以教育法律法规及学校规章制度为规制，以学校文化为环境氛围。师生关系不是亲情关系，不是普通的社会关系，其人际的特殊性在于它是"主体—主体"的关系，是两个主体的相互成就关系，即教师和学生都是主体。当然，在主体性程度上两者是有差异的。一方是相对成熟或具有某种知识、技能优势的主体，而另一方是尚未成熟或虽有一定成熟度但没有知识、技能优势的主体。

学校师生关系是否和谐一致，直接关系到学校学生培养质量和学校未来的发展。良好的师生关系，可以使师生的主观能动性都得到发挥，充分调动学生参加教育教学的积极性，保证成果为本的互动式教学的顺利进行，培养出具有创新精神和实践能力的优秀学生。

然而，我国教育进入"互联网＋"时代，传统的教育秩序正遭受巨大冲击，以"知识"和"情感"为中介的传统师生关系正面临困境及转型。有形层面表现为教育的主客体、组织形式、教育教学内容等发生了显著的变化；无形层面表现为教育的功能与价值正在被调整和重构。特别是"互联网＋"所意涵的自由化、个性化、平等性与开放性在很大程度上转变了师生的思维方式和认知理念，颠覆了已有的知识观、师生观，在改变传统师生关系的同时，也影响了原来的师生关系生态，师生关系正发生着有悖于传统的异化。这主要表现为知识来源的转移改变了师生的社会关系，技术的工具性凸显淡化了师生的情感联系，思想观念的改变影响了师生的教学地位。由此，需要以知识为核心、以情感为纽带、以融合为导向，重构"互联网＋"时代的师生关系。

良好的师生关系具有尊师爱生、民主平等、教学相长的时代特点。就其内容而言，师生关系包括教育关系和心理关系，其中每一个要素都有特殊的含义，对于实现教育目的有特殊的作用。处理这些关系需要遵循不同的指导原则：处理教育关系要求做到教学相长，并且要做到平等；处理心理关系要做到尊师爱生。教育关系是师生关系中最本质的关系，没有教育关系就无法形成师生关系，就不能实现学校的教育任务和培养目标。另外，心理关系在师生关系中具有激励和润滑功能，使得师生关系充满活力并且减少摩擦和内耗，从而保证教育关系的正常运转，保证教育任务的顺利完成。

（1）尊师爱生

尊师的美德是就学生而言的。历史发展至今，尊师始终是我国的优秀传统美德。但是，随着社会多元化的发展，思想发生了很大的改变，尊师的观念慢慢开始淡化。所以，在建设新型师生关系的过程中，应该加强学生的思想道德建设。首先，作为学生，应该尊重和认可教师的努力和工作，积极配合教师的工作，促进师生之间的积极交流，学生应该虚心求教，刻苦钻研，刻苦学习。其次，学生在对待教师的过程中，应该做到宽容和理解。教师并不是圣人，有时也会犯错误，作为学生，应该正确看待教师的错误。最后，每个教师都有其独特的教学特点和风格，学生应该正确地看待教师的独特性。师生关系是一种互动的关系，学生对教师的态度直接影响师生关系。因此，学生应该理解教师在某些方面的局限性，并正确认识自己的不足，理解和尊重教师，在生活和学习中与教师坦然相对，多主动与教师沟通。

随着社会新形势的发展，教师应该树立新型的教师权威观。教育是人类进步发展不可或缺的一种组织活动，始终需要教师的权威。但是，教师的权威性质应该随着时代的变化而变化。当下，学校教师还拥有教育权威。但是，随着平等、民主理念的发展，师生关系从本质上发生了改变，教师不能再采取惩罚、压服的方式教育学生，更多的是引导、教育和说服。新型的教师权威强调教师在教育学生的过程中要充分利用个人因素引导和影响学生，以个人的人格特征和内在素质教导学生。因此，教师应该不断完善自我，提高自身的文化素养，形成良好的道德风范，以自身的独特魅力吸引和引导学生，从精神上感化学生。

要想获得学生的信任，教师就要真诚地关爱学生，这也是教师做好教育教学工作的必要前提。当下，作为教师，必须要有崇高的职业道德内涵，以学生为主体，热爱学生，理解学生，与学生建立良好的关系，关心爱护全体学生，尊重每一位学生，用平等的眼光看待每一位学生，善待和宽容每一位学生，促进学生的健康、全面发展。教师关心学生、热爱学生，应当从全方位去关心。

作为学生，其特定的社会地位也决定了他们希望得到教师关心的心理需求。学生都希望教师能关心自己、注意自己。受到教师的关心后，他们将会感到荣耀；反之，他们会有一种被遗弃的感觉。关心学生不仅是教育的需要，也是培养师生感情的需要。要做到关心学生，教师就要经常深入学生、了解学生，积极地、有针对性地指导学生，通过教育和自我教育使学生逐步从不成熟走向成熟，从不足逐步走向完美。当然，严格要求也是对学生爱的一种表现。爱护学生，并不是迁就和放任学生，而是教师对自己职业的高度忠诚所产生的对工作对象的一种极端负责的感情。教师对学生的要求越严格，他对学生就越爱护，越渴望用自己的言行去启迪学生、引导学生。一个不爱护学生的教师是不会对学生提出严格要求的。教师只要从爱护学生的立场出发，提出合理、学生力所能及的要求，就一定会得到学生的支持和拥护。从学生的角度看，严格教育也是学生成长和成才的需要。

（2）平等

在教育活动中，学生和教师是缺一不可的两大主体。缺少任何一方，教育活动就无法正常进行。教师的职责是教书育人，具有主导性，学生是教育教学的承接者，是教育的主体。现代学生有其独特的身心发展特征，教师在与学校交流的过程中，应该遵循平等的原则。所以，教师在与学生的交往过程中，要放下自身的权威性，平等、友好地与学生相处，成为学生真正的良师益友。另外，从人格的角度看待师生的平等关系，教师和学生在人格上是平等的，不具有等级性。日常的生活当中，教师和学生应该相互信任、相互尊重，而不是学生依附教师。但是，所谓的平等关系并不是绝对平等，因为教师和学生的某些职责范围不相同，双方主导的方面也不相同。

从认知角度出发，教师与学生的认知关系只是一个在前一个在后，这两者之间并没有尊卑之分；从情感角度出发，教师与学生在人格上都是独立的，学生和教师都是独立的个体，有其独特的情感表达方式和内心情感世界，应该相互尊重和理解。教学是需要师生合作的，良好教学氛围的营造能够提高教育教学的效果，是师生共同追求的教学目标，良好的氛围需要师生的共同努力。在现代教育教学中，学生是接受教育的主体，但是同样具有独立的人格。当学生犯错时，教师应该及时提出批评，并引导学生改正。

新型师生关系的精髓是承认师生双方都是平等的人、有独立意义的人、有主体性的人。平等的师生关系能够改变学生在教师面前的不自在、不自信甚至不愿意交心的状态，平等的师生关系能够加深师生之间的了解，进而形成良好的师生关系；师生平等能够使学生敢于打破权威，培养创新精神和探究精神，提高学生的自主能力和创新精神。所以，在新课改的大力推行下，教师应该彻底转变教育理念，以学生为教育的主体，将学生看成是具有独立意义的人，这是新型师生关系建立的必要前提。大多数情况下，教师认为学生是小辈，认为自己才是教育教学的主体。但事实并非如此，师生之间相互理解，才能共同创造新型的师生关系，并且在与他人的交往的过程中，应该做到积极主动、相互理解和尊重。因此，作为学生，应该像尊重父母一样尊重自己的教师，做到虚心求教、尊师重道。另外，学生还应该把教师当作引导自己前进的明灯，引导自己驶向远方。学生是学习的主体，在面对教师时，一定要积极发挥自身的主观能动性，克服自身的害怕心理，积极主动地与教师沟通请教，平等坦诚地与教师交往。

　　师生平等需要教师和学生都保持良好的态度和正确的认识。师生的关系应该是"学者—学者"的关系，而不是以"老板—员工"或者"师傅—徒弟"的关系为底板，这样才能从根本上建立平等的关系。所以，师生之间的关系必须是平等、友好、和谐的。只有在这样的关系中，才能营造一个良好的教学氛围，才能真正实现共同思考和共同进步。由此可见，平等关系的建立尤为重要。当教师转变了教育理念，就不再是学生道德教育的"监督者和教师爷"，也不再有知识权威；学生也不再是简单地吸收知识，也不存在谁驯服谁的说法，整个教学氛围都变得更加平等、友好、和谐。师生在这样的教学环境中能够自由交流对话，师生之间也不存在依附关系，极大程度地实现了平等教学。在平等的关系中，师生双方都具有了独立的人格，并都能够敞开心扉，平等地交流和沟通。尤其是互联网的发展让学生获取知识的渠道不断多元化，新一代学生对新事物的掌握更具优势，在这样的情形下，很有可能会出现年长一代向年轻一代求教的现象。作为教师，应该充分认识到教师与学生的平等关系，尤其是初中阶段的教学，更应该注重发挥学生的自主性和教师的引导性。在教育教学的过程中，教师应该明确教学目标，为学生营造一个充满乐趣的教学氛围，在平等的教学氛围中共同进步。

　　（3）教学相长

　　新型师生关系的主要内容：在学习上，师生应该相互促进、相互启发、教学相长。师生关系的建立是基于教学过程的，师生的主要人际关系集中在"教"和"学"两个方面，两者互相渗透的同时又相对独立。教育教学的过程中，教师的基础知识储备和研究相关问题的能力优于学生，所以在学术权威上，教师更胜一筹；但是在发散思维、开拓创新上，学生具有明显的优势。只有相互尊重和理解，才能实现教学相长，才能促进师生之间的交流沟通，进而建立平等、自主的师生关系。教师的积极期待和消极期待会直接影响学生的发展和成长，处理不当会让师生之间产生隔阂。因此，教师和学生都应该互相信任、互相欣赏，让学生在教师的积极引导下不断激发内在潜力。

　　在具体的教学实践中，学生主要依靠教材获得知识，通过教师课堂传授有效接受知识，这种教学模式是最常见的教育方式。传统教学中教师只是单纯地传授知识，学生则机械化地掌握知识。相较于传统教学模式，现代教学是培养学生的综合能力，引导学生树立创新意识。对现代教学而言，最要紧的是如何从传统教学模式中有所突破，改变以往机械化的教学模式，将以往被动的学习模式转变为自主学习模式。在现代的教学理念中，教育教学的过程是人际交往的过程，更注重师生关系的有效建立，更强调人际关系对教学的重要性。所以，和谐的师生关系是现代教学的重要组成部分，通过师生之间的信息沟通和交流，最终实现教学相长。

（五）教育的构成

教育的构成理论有三要素说、四要素说、五要素说。教育的构成是指构成教育活动必不可少的最基本的因素认识教育的基本要素是认识教育活动结构的基础。关于构成教育活动的要素概括起来主要有三要素、四要素和五要素这几种说法。其中，尤以三要素最具代表性。

1. 三要素

构成教育活动的基本要素是教育者、受教育者（学习者）和教育，以下主要介绍前两点。

（1）教育者

从广义上而言，凡是能增进人们的知识、技能，对受教育者智力、体力和思想意识发挥教育作用的人，都可以被称为教育者。家庭是个体受教育的重要场所，父母以及家庭中的长辈是子女最初和经常的教育者；社会生产和生活中的师傅以及其他起到教育作用的人，也是教育者。自从人类社会产生了专门的教育机构——学校以来，教育者则主要是指学校中的教师和其他以教育为基本职责的人员。教育者是构建教育实践活动的基本要素，是教育实践活动的主导者。

教育者的根本特征是，他所从事的是一种以培养和教育人为目的的社会实践活动，这种活动直接指向的是受教育者的身心素质。教育活动与社会生活中人们之间的自发影响不同，社会生活中的自发影响虽然对个体的发展也起到一定的作用，但这种影响却不是以培养和教育人作为活动主体的主要目的，只有在教育活动尤其是学校教育活动中，活动主体才以教育为其主要的目的。教育者的基本职责就是以其自身的活动来促进受教育者的身心按照一定的方向去发展。离开了教育者及其有目的的活动，教育也就不存在了。

（2）受教育者

受教育者即学习者，是指在各种教育活动中以学习为其主要职责的人，既包括以学习为主要社会义务的在校青少年儿童，也包括已经步入社会但仍在接受多种形式的教育的成人。在任何一种实践活动中，实践的对象都是构成该活动的基本要素之一。受教育者是教育实践活动的对象，因而当然是教育活动的基本要素，没有受教育者，同样也就没有教育活动的存在。

教育活动是受教育者将一定的外在的教育内容、活动方式内化为自身的智能、才能、思想观点和品质的过程。在这样一个艰巨、复杂、漫长的过程中，如果没有受教育者的积极参与，没有其主观能动性的发挥，教育活动是不会有好的效果和高的效率的。教育的任务在于，根据社会需要和个体的"受教性"，使受教育者从一个生物个体转化为一个社会个体，从自在的低水平的社会个体转化为自觉的高水平的社会个体。换言之，教育促进个体身心健康发展，使受教育者能够成为一定生产力的承担者、一定社会关系的体现者、一定社会精神生活的积极参与者。随着受教育者的知识与能力的增长，受教育者的主观能动性在教育活动中表现得越来越明显，所起的作用也越来越大，他们可以在越来越高的程度上主动而自觉地吸取知识，增进和发展自身的智力、体力和品德修养。

2. 四要素

构成教育活动的基本要素是教育者、受教育者、教育内容和教育物资。教育活动是由"教"与"学"相依相存、相互规定和相互建构的活动复合构成的。教育者与受教育者是教育活动中人的因素。凡是在教育活动中承担教的责任（包括直接承担者和间接承担者）和施加教育影响的人都是教育者。从广义上看，教育者包括各级教育管理人员、专职和兼职的教师、校外教育机构的工作人员、家长等等；在有明确目的、独立进行的自学活动中，受教育者自己教育自己，当他在为自己确定学习目标、内容和方法时，则承担着部分教育者的责任。从学校教育看，教育者主要是指具有一定资格的专职教师和相对固定的兼职教师。

凡是在教育活动中承担学习责任和接受教育的人都是受教育者。在广义的教育中，几乎任何人都可能成为受教育者，只要他在学习着。在学校教育中，受教育者是获得入学资格的相对固定的对象——学生。在教育活动中，相对于教育者，受教育者处于被领导、被控制和受教育的地位。只有受教育者主动、积极参与教育活动，把教师的要求转化为自己的学习、成长需求时或者善于作出自己的选择时，他才能成为自己学习的主人，成为自觉实现自身发展的主体。

在教育活动中，教育者与受教育者是人的因素中不可分割的两个方面。他们之间有着十分复杂的相互关系。

3. 五要素

构成教育活动的基本要素是教育者、受教育者、教育内容、教育方法与组织形式、教育手段。五要素说是将三要素说中的教育影响具体化为教育内容、教育方法与组织形式、教育手段三个要素。关于教育者、受教育者的理解与三要素说、四要素说无异，此处不再赘述。

教育的内容是受教育者所要学习的各种知识、技能、思想、行为等的总和，它不同于社会生活中的一般影响物，而是根据教育目的经过选择和加工的特殊影响物。人类社会经过长期的发展，积累了丰富的知识和经验，但这些知识、经验必须进行精心选择和加工才能够成为教育内容。现代教育内容不仅体现在各种教科书、教学参考和其他形式的信息媒体中，也体现在教育者自身拥有的知识、经验、思想品德和工作作风之中，还体现在经过选择和安排的具有教育影响的人际环境、设施环境、自然环境等之中。教育内容逐渐成为教育活动中的一个独立因素。

教育方法与组织形式是在教育过程中为了完成教育任务所采取的教学方法和教学组织形式等，是随着学校教育的发展而逐渐形成和完善的。教学的方法主要有讲授法、谈话法、讨论法、练习法、实验法、参观法等。教学的组织形式有个别教学、班级授课制、课外活动、社会实践活动等。

教育手段是教育活动中所用的一切物质条件，如教育活动场所、教具、学具、实验器材、电教器材等。教育手段是教育发展水平的重要标志，随着教育手段的不断改进与现代化，教育活动的效率将不断得到提高。

（六）教育的过程

教育活动的展开必然表现为教育过程，教育活动的规律也必然存在于教育过程之中。因此，正确把握和认识教育过程的本质和规律，是有效开展教育活动、实现教育目的的保证。

人的任何活动都是一个过程，一般而言，所谓过程就是现实世界中的事物或活动产生、变化的连续性在时间和空间上的表现。所以，教育过程就是教育活动的延续与展开，就是教育活动所经历的或长或短的时间的历程。从教育过程所进行的形式上看，教育过程大体上可以分为以下四个层次。

第一个层次为学校教育过程，即个体整个的学校教育过程，包括学生从小学到大学毕业总的教育过程，这一教育过程贯穿初等教育、中等教育和高等教育几个阶段，由于不同阶段教育的性质和任务不同，学生在不同教育阶段的身心发展特点和发展水平不一样，所以，这个教育过程在不同教育阶段会呈现出不同的特点。教育工作者要特别注意这一点，这样才能根据不同时期学生身心发展的要求，实行不同要求的教育。

第二个层次是课程教育过程，即一门课程从开始到结束的教育过程。这也是一个不断发展着的教育过程。由于不同课程具有不同的性质和特点，加上不同课程开始和结束的时间不同，所以课程教育过程具有多样性。教育工作者要根据课程的特点和学生身心发展的不同水平进行课程改革和调节。在学校教育过程中，没有一成不变的课程结构，而是要经常随着社会发展的需要适时进行调整。

第三个层次是一门课程中的一章或一个单元的教育过程。这个教育过程是课程教育过程的一个组成部分。它从属于课程教育过程，被一门课程的教育过程的发展阶段规定。

第四个层次是某个知识点的或一节课的教育过程，这是一个单元教育过程中的一个环节，也是一门课程和一定阶段教育的基本组成部分，是最基本的教育过程。在教育过程的研究中，人们经常把一个知识点或一节课的教育过程作为教育过程的细胞来进行分析，这是非常必要和有意义的。作为教育工作者要特别注意这个层次的教育过程，尤其是要根据每个学生的特点和需要进行教育，也就是我们通常所说的因材施教。

教育过程的本质就是教育过程与其他活动过程之间的根本性区别，具体而言，可以从以下方面认识教育过程的本质。

1. 教育过程是教育者与受教育者共同参与的双边共时的活动过程

活动总是在一定的社会关系中实现的，在一定的与他人的交往中实现的。教育过程与其他的社会实践活动过程的区别之一就是它是由教育者与受教育者共同组成的一种活动，是二者共同参与、共同交往、共享经验的双边共时的活动过程。在这个过程中，教师与学生最大限度地进行各方面的交往，通过交往，授受知识，增长才干。这里所说的双边共时，包含着这样的含义：一是教师的教与学生的学是两个不可相互取代的活动过程；二是教与学是不可分割的，二者具有内在关联，教与学是紧密交织在一起的同一活动过程。

将教育过程看成教育者与受教育者的双边共时活动过程，就意味着教育活动过程是师生双方在特定的情境中为特殊目标而进行的知识、态度、价值观等的共享活动。在这个过程中，教师既不能把学生看成机械的个体，而只关注自己的教，认为只要自己把知识、学习要求、练习设计等讲清楚了，学生自然就学到了；也不能将其看做主要是学生内在潜力的展开过程，让学生去学，由学生自由选择学什么和怎样学，自己只要不阻挡、顺其自然即可。在上述两种情况下，教与学双方在教学中实际上只发生了一方的主动行为，没有实现双方发挥主动性的交互作用。

将教育过程理解为教育者与受教育者的双边共时活动过程，必然要求重新认识学生与教师在教育过程中的角色与任务，学生在教育过程中的角色，不仅是学习活动的承担者，而且是与教师一起组成的教育活动的承担者，是教育过程中的合作者，是教育活动展开的推进者和创造者。教育过程不再是单纯的教师传授与学生接受的过程，而是教师与学生平等协作、共同劳动、共享成果的过程。在这个过程中，教师引导学生在知、情、意、行等方面发展的同时，教师在与学生的交往中逐渐深入地了解学生，并受学生的影响而丰富着自身的人格，充实、改善着自己的经验而获得进一步的完善和发展。

2. 教育过程是一个内化与外化交错递进的螺旋式上升过程

内化是指对外部操作的内部重建过程，也就是个体将来自外部的各种影响和动作行为通过认知和动作行为的定向结构转化为自身的素质的过程。例如，我们可能是通过观察我们的父母是如何教育我们来学习如何教育我们的孩子的；或者是通过看别人是如何说话、如何骑车和如何读书而学习说话、骑车和读书的。当然，在绝大多数情况下，人们不会因为一个简单动作的模仿而发生内化。内化是一个连续的过程。而且，有些活动虽然已经内化，但它与其他内在的活动建立联系仍需要相当长的时间。与内化相对的外化，则主要是指个体将已纳入到主体个性结构的各种素质反作用于主体与外部交往的过程中。

对于学生而言，一方面，教育过程是内化的过程，即学生将外在的学习要求和内容转化为自身素质的过程，也就是个体社会化的过程。在这个过程中，学生将社会规范、社会需要、各种知识和技能内化为自己的知识技能、思想品德和智力能力。这个过程既是一个认识过程，也是一个发展过程。从认识过程来看，这是一个由简单到复杂的不断提高的过程；从发展过程来看，这是一个从低级到高级的循序渐进的过程。而且，这个过程是在教师的规范、组织和引导下进行的。另一方面，教育过程也是外化过程，即学生将已经内化的知识、技能和能力，应用于实际去解决现实问题。知识、技能和能力能否顺利外化，是检验内化效果的标志。

当然，对于个体而言，任何知识、技能、品德的内化都不可能一次完成，而需要内化、外化的多次反复。因此，教育过程也必然是内化与外化的交错递进、循环往复的过程。

3. 教育过程是他人教育与自我教育的协调统一过程

教育过程是他人教育和自我教育构成的统一体。换言之，教育活动是教育者施教和受教育者自我教育的一种共同活动。在教育过程中，教育者的教育即他人教育是活动的主体。作为主要教育者的教师，闻道在先，受过专门训练，掌握较多的文化知识，并且具有一定的教育经验和技能，因而可以在一定时间里将人类积累起来的科学文化知识通过一定的方式方法传授给学生，使人类的优秀文化成果得以保存和世代相传。

对于学生而言，其自我教育意识和能力在一定意义上来说既是教育的结果，又是进一步教育的条件或内部动力。学生的自我教育意识和能力越强，则越有利于教育目的的实现。一定意义上，没有自我教育的教育不是真正的教育，教育目的必须通过受教育者的内化才能真正实现，外因必须通过内因才能起作用。随着社会的发展，教育目的发生相应的变化，自我教育将逐渐成为教育的重心。

在我们今天的教育过程中，尤其要重视学生的自我教育意识和能力的培养，充分发挥受教育者自我教育的主体作用，反思传统教学观中学生的角色和作用。在传统教学观中，学生的角色定位是教学的对象。作为对象的学生，其基本特征是一个受动体，是有待教师来帮助、加工、实现变化与发展的人。教师则是施教的主动者，是学生课堂思维和行动的规定者、主导者，是课堂教学的操控者。在这样的教学观支配下，教学就是一种通过灌输、反复练习、奖惩控制、依靠外力和强刺激，将外在的文化、知识、技能、技巧转化为学生个人记忆的知识和熟练技能的过程。这样的传统教学观、学生观和教师观，必须发生变化，必须充分认识到在教育过程中，学生不再是消极的知识的接受者，而是他所获得的知识的主人；学生不仅是接受者、听者、学习者，而且是自我教育者，具有自我认识、自我体验、自我监控、自我评价的意识和能力。为此，教育必须发生根本性的改变，学校必须发生根本性的改变。未来的学校必须把教育的对象变成自己教育自己的主体。受教育的人必须成为教育他自己的人；别人的教育必须成为这个人自己的教育。这种个人与他自己的关系的根本转变，是今后几十年内科学和技术革命中教育所面临的最困难的一个问题。

4. 教育过程是培养完整的人的过程

教育过程是培养完整的人的过程，这意味着在教育过程中要把学生作为完整的人来培养。换言之，教育培养的不再是"片面的人""单面人"，而是"完整的人"，意味着教育必须培养一个人的全面素质，这些素质既包括身体生理素质，也包括心理人格素质；既要使身心素质的各个方面得以完整发展，又要使身心素质整体协调发展。换言之，把一个人在体力、智力、情绪、伦理各方面的因素综合起来，使他成为一个完善的人。

教育要培养完整的人，是由人的发展的完整性决定的。人是一个整体，人的身心发展客观上具有整体统一性。人是具有德、智、体、美等多种素质的综合体。人的发展不仅以这些素质为基础，而且是在多种素质交织统一的运行机制中，最终走向全面发展。因此，教育过程作为为社会培养合格人才的过程，要实现教育目的，就必须根据人的身心发展的整体性，对学生施加全面的影响，通过全面施教，实现学生在德、智、体、美等方面的全面发展，培养完整的人。

5.教育过程是提高学生认识的过程

教育过程首先是引导学生掌握文化知识的过程，是引导学生通过学习和掌握的文化知识来认识客观世界的过程，即提高学生认识的过程。在教育过程中，学生的认识活动主要是在教师的规范和引导下，通过学习和掌握间接经验、书本知识的方式进行的。在这个过程中，需要处理好以下关系。

（1）已知和未知的关系

在学生的教育过程中，首先需要处理好已知与未知的关系。因为学生学习和掌握知识是一个用已知同化未知、将未知转化为已知的过程。这里的已知是指学生已经掌握的知识，是外在的科学知识结构或教材结构在学生头脑中的内化所形成的认识结构；未知则是指尚未被学生掌握而又有待于学生去掌握的那些知识，主要是指学生即将要掌握的那些新知识。

①充分发挥已知在学习未知中的作用。要促进已知对未知的同化和未知向已知的转化，首先需要充分发挥学生的已知和认知结构在学习新知识中的积极作用，帮助学生建立已知与未知的内在联系。

第一，大部分的新知识的学习都是在原有的知识结构的基础上进行的。因此，学生已有的知识经验、知识结构为新知识的学习提供了背景、起点和准备，并参与到新的学习中，影响着新的知识结构的建构。诸多著名的教育家都非常重视学生已有的知识经验所发挥的"准备"作用。

第二，学生已有的知识经验对新知识还具有加工处理作用。学生学习新知识，要么将新知识同化于已有的认知结构中，以充实这一结构；要么改变已有的认知结构，以顺应新的知识，从而建构一个新的认知结构。当学生运用已有的知识经验对新知识进行加工处理的时候，又可能引发学生对已有知识经验的重新认识、重新解释，从而导致学生认识的深化、知识的增长。

第三，学生已有的知识经验和认知结构对新知识的"准备"作用和加工处理能力，与学生已有知识经验的存在状态和认知结构的合理程度密切相关。一般而言，学生已有的知识经验越精确、熟练，越能够融会贯通、运用自如，就越有利于新知识的学习。反之，学生已有的知识经验如果不精确、不熟练，不能够熟练运用，就有可能干扰或阻碍新知识的学习。因此，要充分发挥学生已有的知识经验和认知结构在学习新知识中的积极作用，教师必须引导学生熟练掌握所学的知识，使学生形成一个合理的认知结构。

②未知过浅或过深，都不利于学生认识的发展。在未知向已知转化或者用已知同化未知的过程中，如果未知过深或者过浅，都不利于学生对新知识的学习。因此，未知既要与已知相关，又要有超出已知的新内容。

③帮助学生在已知和未知之间建立联系。要促进已知同化未知、未知向已知转化，不仅要重视已有的知识经验和知识结构的重要作用，更要积极创造条件，帮助学生在已知和未知之间建立联系。

著名心理学家奥苏伯尔提出的先行组织者就是一个非常重要的策略。先行组织者策略就是在向学生传授新知识以前，给学生呈现一个短暂的、具有概括性和引导性的说明。这个概括性的说明用简单、清晰和概括的语言介绍新知识的内容和特点，并说明它与哪些旧知识有关，有什么样的关系。使用先行组织者的目的在于：一是为新知识的学习提供可利用的固定点，即唤醒学生在认知结构中与新知识有关的已有知识或已有观念，增强已有知识的可利用性和稳定性；二是说明新旧知识之间的本质区别，增强新旧知识之间的可辨别性。奥苏伯尔还区分了两类组织者，即陈述性组织者和比较性组织者。陈述性组织者的作用在于为新知识的学习提供适当的起固定作用的旧知识，提高有关旧知识的可利用性。比较性组织者的作用在于比较新知识和认知结构中相似知识的区别和联系，从而增强新旧知识之间的可分辨性。大量的研究结果表明，当学习一项与旧知识相似而又不同的新知识时，使用比较性组织者会收到良好的学习效果。

与先行组织者一样，运用解释性类别同样有助于把新信息与已知的知识经验联系起来，帮助学生学习新知识。一些研究表明，当类别的事物与被解释的事物非常不同时，类别的效果最好。例如，学生在学习淋巴系统的内容时，如果用海绵中水的运动做类比，其学习的效果要好于用静脉中的血液流动做类比。这也就说明，在教育过程中，用学生完全熟悉的事物做类别，其效果要优于用有直接联系的事物做类别。

（2）具体和抽象的关系

在教育过程中，学生的认知发展是从具体到抽象的过程，学生的抽象认知依赖于具体认知，具体认知有待于发展到抽象认知。在具体的认知活动中，二者是相互渗透、相互交错的。一方面，学生在具体的认知活动中，渗透着抽象的因素；另一方面，在学生的抽象认知中，同样渗透着具体的因素，脱离具体的抽象认知是难以进行的。心理学认为，人在得不到任何感觉信息时，集中注意力和连贯思维就会出现困难，难以对事物做出清晰的思考，思维会跳来跳去，明显地出现思维过程的混乱。因此，在教育过程中，既要考虑学生认知发展的从具体到抽象的阶段性特点，也要考虑具体认知与抽象认知的相互渗透，以避免割裂感性认知与理性认知、具体认知与抽象认知的联系。

（3）直接经验和间接经验的关系

人的认知遵循间接经验和直接经验辩证统一的规律。直接经验指个体在认知、探究和改造世界的过程中亲自获得的经验，是个人的经验。间接经验则既包括他人的经验，也包括人类的经验——人类在文明的演进历程中积累起来的一切经验。在人的认知活动中，间接经验和直接经验是辩证统一的。一方面，人在认知、探究和改造世界的过程中离不开间接经验的支持，人的直接经验的获得内在地融合了间接经验。离开了间接经验，人的直接经验会变得非常狭窄。另一方面，间接经验是基于直接经验和为了直接经验的。换言之，间接经验通过转化为直接经验而起作用，其存在的意义也在于拓展人的直接经验，并进而提高人们认知、探究和改造世界的能力。

对于学生而言，其主要任务是学习间接经验。这是因为人类已有漫长的发展历史，在这个过程中积累了大量的经验与知识，创造了文明，认识已发展到一个很高的水平。作为后继者的现代社会的学生，要认识和改造世界，并适应高度发展的社会，就必须掌握人类积累起来的基本科学文化知识，必须以学习间接经验为主。而且，人的生命有限，不可能事事都去实践、都依靠直接经验去认识。因此，在教学活动中不能以一切真知都来源于实践、实践是认识的唯一源泉为由，要求学生事事躬亲，这在教学中根本不可能，也没有必要。教学过程应是以传授和掌握前人积累的间接经验为主的过程，换言之，学生以学习书本知识为主，唯有如此，才使学生能够跨越时空的限制。学生掌握间接经验，不仅是必要的，而且也是完全可能的。

与此同时，间接经验的学习，必须以学生个人的直接经验为基础。只有当间接经验真正转化为学生的直接经验的时候，它才具有教育价值，才能成为人的发展资源。当间接经验脱离学生的直接经验，或者使学生的直接经验仅处于辅助地位的时候，非但不会促进发展，反而有可能抑制学生的发展。脱离学生生活的间接经验知识传授所产生的结果往往是低效甚至是无效的。换言之，教学内容越接近学生的经验，与学生已有的现实生活联系得越紧密，教学才会越有效。远离学生的经验，再现代化的教学内容也没有用，不在经验的基础上去阐述现代内容，脱离了学生的经验，再好的教学内容也是不可行的。

因此，在教育过程中，必须避免历史上出现的两种倾向，即忽视间接经验的传授和忽视直接经验的积累，坚持以传授和学习书本知识为主，既要重视书本知识的教学，又要适当组织学生的实践活动，使学生学好书本知识，增加实践能力。要在间接经验和直接经验的相互联系、相互作用中提高学生的学习质量，促进学生认识的发展。

6. 教育过程是促进学生发展的过程

教育过程不仅是提高学生认识的过程，而且是促进学生发展的过程。在教育过程中，学生的发展过程与认识过程既有不同的性质和特点，又密切联系并相互制约；同时，学生的智力、品德、美感、身体等不同方面的发展过程也既有不同的性质和特点，又密切联系并相互制约。因此，教育过程要有效地促进学生的发展，就必须处理好学生的发展过程与认识过程的关系以及学生的智力、品德等不同方面的不同发展过程之间的关系。

（1）知识与发展智力的关系

掌握知识与发展智力的关系，是教育理论和实践中的一个重要问题。只有正确把握二者的关系，才能更好地促进学生的身心发展。在教育过程中，智力的发展依赖于知识的掌握，知识的掌握又依赖于智力的发展。首先，知识是智力的内容，是进行智力活动的凭借，掌握知识是智力发展的基础。智力是在掌握知识过程中发展的，智力离不开知识，不学知识，就不可能发展智力，智力发展会成为无源之水，无本之木。其次，学生的智力发展，是掌握知识的重要条件，智力发展得好，才能深入地掌握知识；智力的发展水平直接影响着学生掌握知识的进程及其广度和深度。学生的智力水平高，就能举一反三，触类旁通。学生智力水平不高是学习的一大障碍。所以，掌握知识与发展智力之间是相互联系、相互促进、相互制约的关系，片面地强调某一方面都会损害到对方的作用。心理学的研究也证明了这一点，我们不可能指望一个没有接受过任何教育的"狼孩"有高度发达的智力，同样，我们也不可能期望一个有认知障碍的儿童去学习高深的科学文化知识。

与此同时，知识和智力之间并未建立一种必然的联系，它们需要进行一定的转化，即必须善于灵活应用知识，否则知识就成为束缚智力的绊脚石。日常生活中人们通常所说的"书呆子"就是指人被知识所束缚，不知道变通；同样，一些智商很高的人也会由于怠于学习而变得孤陋寡闻。所以，在教育过程中，我们应当从知识和智力两个方面努力，创造条件，使学生善于用知识分析问题、解决问题，提高他们的智力水平，同时也要提高他们的学习积极性，帮助他们掌握更多的科学文化知识。

（2）知识和提高思想品德的关系

掌握知识与提高思想品德的关系也是一个十分重要的问题。教育过程要促进学生的发展，就必须正确处理这一关系。掌握知识与提高思想品德的关系是一种辩证的关系。一方面，学生思想的提高以知识作为基础。人们思想观点和世界观的形成离不开人们的认识，需要以一定的经验和知识为基础，尤其是要培养学生的正确人生观、科学世界观，更需要有一定的科学文化知识作为基础。另一方面，学生思想的提高又推动他们积极地学习知识。学生掌握文化科学知识的过程是一个能动的认识过程，他们的思想状况、学习动机、目的与态度，对他们的学习起着十分重要的作用。

根据知识与思想品德的联系和知识在思想品德形成过程中的作用，教育过程要有效地促进学生思想品德的发展，就必须重视学生对知识的掌握，使学生在掌握知识的过程中不断地提高思想品德。为此，需要做好以下方面的工作。

第一，要加强知识教学的教育性。教学永远具有教育性，这是一条客观规律。但是，不同的教学所具有的教育性是不尽相同的。有的教师在知识教学中积极地发掘教材的思想性，联系学生的思想实际，有的放矢地对学生进行思想品德教育；有的教师单纯传授知识，以为知识本身就蕴藏着思想性，学生掌握了知识就自然而然地提高了思想品德。这两种教学的教育性显然是有差别的，前者是积极的，后者是消极的。要加强知识教学的教育性，需要教师积极地做好教书育人工作。

第二，要培养学生学习知识的兴趣。表面上看，学生学习知识的兴趣与思想品德的发展似乎没有多大关系，实际上，它是知识对思想品德发生作用的一个重要条件。德国心理学家、科学教育学的奠基人赫尔巴特认为，要使知识影响道德品格的发展，学生必须对知识有强烈的兴趣；兴趣还必须是多方面的、平衡的，只有这样，道德品格的发展才能是多方面的、平衡的；教育性教学的目的就是培养学生平衡的、多方面的兴趣，使他们形成决定他们行为意志的思想。事实上，学生对知识的兴趣不仅影响他们的思想，而且影响他们的态度和情感。学生对学习知识缺乏兴趣，态度消极，漠然置之，就难以产生积极的情感体验，就难以形成坚定的信念，就难以发挥知识在思想品德形成和发展过程中的积极作用。

第三，要引导学生在掌握知识过程中不断提高道德判断能力。当代西方的道德认识发展理论认为，学生的道德成熟过程就是道德认识的发展过程，学生的道德成熟水平最明显地表露在它的道德判断和推理之中。尽管从一个人的道德判断和推理中未必一定能预见他未来的行动，一个人的道德行为也未必就是他的道德判断和推理的结果，但是从道德行为本身是一种自觉的决策过程来说，道德观念上的成熟应该预示着道德行为上的成熟。因此，学校道德教育的首要任务应该是提高学生的道德判断能力。这种理论把学生的道德成熟过程仅仅看成道德认识的发展过程，未免失之偏颇，但它重视道德认识和道德判断能力的发展在道德成熟过程中的作用，是有其合理性的。毫无疑问，学生道德判断能力的发展离不开对知识的掌握，但知识的掌握并不能自然而然地导致学生在掌握知识的基础上不断提高道德判断能力，逐步提高思想品德的发展水平。

（3）智力因素和非智力因素的关系

人的心理是一个整体，包括智力因素和非智力因素。学生的认识活动，也就包括智力活动和非智力活动。在教育过程中，学生的认识活动既有智力活动，也伴随着非智力活动。这里，智力活动主要指为认识事物、掌握知识而进行的观察、思维、记忆和想象等心理因素的活动。非智力活动主要指在认识事物、掌握知识过程中兴趣、情感、意志、性格等非智力因素的作用。两种活动同时存在，相互作用、相互渗透。没有不包含非智力因素的智力活动。

一方面，非智力因素的发展依赖于智力活动，并积极作用于智力活动。换言之，非智力因素在学生的认识过程中发挥的作用以智力活动为基础，学生的情感、兴趣、意志等非智力因素是在认识事物、掌握知识的过程中产生并发展的。同时，非智力因素又积极作用于智力活动，对学生的学业成就和认识活动产生巨大的影响。另一方面，要有效发挥非智力因素对学生学习和认知发展的影响，就应该按照教育需要来调节、引导非智力活动，实现教育目标。之所以要按照教育需要来调节、引导非智力活动，是因为学生的非智力因素是易变的。当学生的非智力活动与智力活动一致时，就能够促进学生的学习，使教学卓有成效；反之，就会干扰学生学习，降低教学效果。按照教育教学需要调节、引导非智力活动主要有两个方面：一是改进教育教学活动本身，使其能够激发学生的兴趣和求知欲，使之促进学生的学习和认知活动。事实证明，对活动的强烈需要和爱好是学生取得成就的重要因素。一个学生有学好某学科的能力，但由于缺乏兴趣，学习成绩并不突出。只有当学生对这门功课产生了兴趣，有了强烈的需要时，学习能力才能得到充分发挥，才能取得优良的成绩。二是提高学生的自我教育能力，使他们能够逐步养成强烈的成就动机、稳定的学习兴趣以及毅力、信心、求知欲，能自觉地按照教育教学要求调节、引导非智力因素，提高学习的效率。

（4）身体发展和心理发展的关系

教育过程不仅是促进学生增长知识、提高能力的过程，不仅是促进学生心理发展的过程，也是促进学生身体发展，增强学生体质的过程。因此，在促进学生发展的过程中，有必要正确认识身体发展和心理发展之间的关系。

毋庸置疑，身体发展与心理发展之间有密切的联系。一方面，身体发展为心理发展提供前提和物质基础，心理发展离不开身体的发展。另一方面，心理发展对身体发展也有重要的影响。以神经系统和脑的发展为例，神经科学家的研究揭示了大脑发育与认知发展之间的密切联系。儿童在大脑快速发展的时期，认知能力也在快速提高。

从学生青春期的身体发展与心理发展来看，其主要的心理特征——独立性，在一定程度上说，是大脑变化的结果，这种变化为青春期认识发展的显著进步铺平了道路。一方面，在青春期，随着神经元数量的不断增加，它们之间的连接变得越来越丰富和复杂，学生的思维也变得日益复杂。另一方面，前额叶在青春期开始显著发育，到21～22岁发育成熟。前额叶是人们进行思考、评价和做出复杂决策的脑区。同时，前额叶也是负责控制冲动的脑区，前额叶发育完全的个体可以很好地控制自己的情绪，而不是简单地表现出愤怒或狂暴等情绪。由于前额叶在青春期发育还不完全。因此，学生不能很好地控制冲动，进而出现一些具有青春期特点的危险行为和冲动表现。因此，在教育过程中，必须重视学生的身体健康，完善教育教学活动，促进学生身体的发展，只有这样，才能既有利于学生身体的发展，又有利于学生心理的发展。

二、教育学的发展时期

一般而言，教育学的产生和发展大体上经历了萌芽期、独立期、发展期和深化期四个基本的历史阶段（图1-3）。

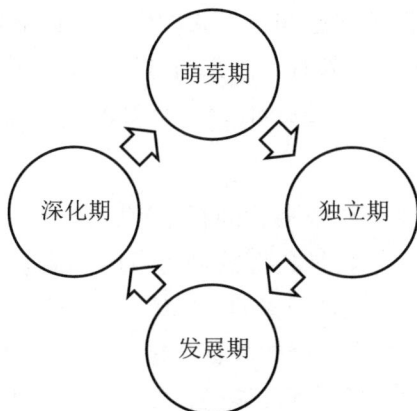

图 1-3　教育学的发展时期

（一）萌芽期

在萌芽期，由于科学文化发展水平低下，虽然人们对教育实践产生了一点认识，但还主要停留在经验层面，缺乏理论思考和经验总结，还没有形成系统化的理性认识，因而这一时期，教育学还未从哲学、伦理学、政治学中脱离出来而形成独立的学科，人们称这一时期为"教育学的萌芽时期"或"前教育学时期"。在萌芽期，人们对教育的认识成果主要体现在一些哲学家、思想家的言论和著作当中。

1.《学记》

《学记》包含了丰富的教育思想，堪称世界教育史上最早的一部专门论述教育的著作，它系统而全面地阐明了教育的目的与作用、教育和教学的原则与方法、教师的地位与作用、教育过程中的师生关系等诸多问题，提出了"学然后知不足""教然后知困""教学相长"的观点，重视"道而弗牵则和，强而弗抑则易，开而弗达则思"的启发式教学，重视教学的循序渐进，强调"不陵节而施之谓孙"，强调激发学生内在的学习动机，培养学生学习的自觉性，重视因材施教。

2. 孔子

孔子是中国古代最伟大的教育家和教育思想家，他十分重视教育对社会发展和人的发展的作用；开办私学，改变了"学在官府"的局面；实行"有教无类"的开放性办学方针，扩大了受教育的范围；整理了六经，保存了古代文化；

提出了"学思结合"的教学理论和启发式教学、因材施教等教学原则；强调以"礼""仁"为主要内容的道德教育，主张通过培养德才兼备的君子，实现政治的改良；要求教师具有学而不厌、以身作则等良好的职业道德。

3.亚里士多德

亚里士多德是古希腊百科全书式的哲学家，他秉承了柏拉图的理性说，认为追求理性就是追求美德，就是教育的最高目的。他的教育观主要记载在其著作《政治学》中，即教育应该是国家的，每个公民都属于城邦，全城邦应有一个共同目的，所有人都应该接受同样的教育。在历史上，他首次提出了"教育遵循自然"的原则，注意到了儿童心理发展的自然特点，主张按照儿童心理发展的规律，对儿童进行分阶段教育。

4.昆体良

古罗马教育家昆体良，其《论演说家的教育》（又译《雄辩术原理》）被公认为是西方教育史上第一部系统阐述教育理论的著作，它系统地从理论上总结了罗马学校教育的实践经验，提出了较为完整的教育思想，内容涉及雄辩家教育的目的、过程、内容、形式与方法，以及教师等问题。

（二）独立期

独立形态的教育学出现于17世纪至19世纪中叶，这一时期，教育学的发展呈现出三个特点：第一，人们对教育现象与问题具有了更为抽象、更合乎科学规律的认识与理解，教育学的科学化、理论化水平有了显著提高。第二，人们对教育问题的论述，逐渐从现象描述过渡到了理论阐明，尤其是开始注重运用心理学的知识来论述教育问题。第三，确立了比较符合人的认识规律的教学理论，开始重视教育理论对教育实践尤其是对教师教学工作的指导。但是，从总体上看，这一时期教育学的研究还缺乏实证和实验方法的运用，因此，整体的科学理论水平仍十分有限，但是在这一时期，教育学开始有了自己专门的研究领域，形成了自己专门的概念和体系，其研究方法和手段也走向了科学化。

（三）发展期

19世纪末，大量学科兴起，教育学与这些学科之间相互借鉴与吸收，在学科内容和研究方法上取得了新的进展，把教育学的研究逐步引向深入。由于方法论和哲学观的差异，自 19 世纪 50 年代以来，世界上出现了各种教育学流派和大量的教育学著作，形成了"教育学的发展时期"，又称"教育学的多样化时期"。

（四）深化期

自 20 世纪 50 年代以来，科学技术的发展呈现出了前所未有的新局面，教育与科技发展、生产效率提高的关系，引起世界各国的高度关注。于是，一场世界范围内的教育改革被全面引发，这极大地促进了教育学的发展。与此同时，伴随着人类科学体系分化与综合并进趋势的加强，教育学迅速地出现了分化和发展，学科门类骤增，研究内容快速扩充和丰富，与其他学科的联系也日益密切，整个学科发展出现了学派林立、学说纷纭的繁荣局面。

第二节　教育的功能与哲学

一、教育的功能

"教育是一种有目的、有计划、有组织地培养人的活动，同时，它也是社会整体结构的一个重要组成部分。"[①] 无论是对于每一个个体而言，还是对于整个社会而言，教育都具有重要的作用和影响，这种作用和影响，一般称之为教育功能。从不同的视角出发，对教育的功能就会有不同的理解。但总而言之，教育功能主要涉及社会功能和个体功能两大方面。

（一）社会功能

教育的社会功能，指的是教育对整个社会所产生的作用和影响。教育是社会的一个组成部分。用系统论的观点看，社会是一个庞大的、复杂的系统，在这个大系统中，有经济、政治、文化等众多的子系统，教育也是其中的子系统之一，并与其他子系统存在着千丝万缕的密切联系。社会的经济、政治、文化对教育有着重要的制约和影响，教育对社会的经济、政治、文化等又有着重要的反作用。教育的社会功能具有以下方面（图 1-4）。

---

① 朱家存，李福华. 中学教育基础 [M]. 芜湖：安徽师范大学出版社，2016.

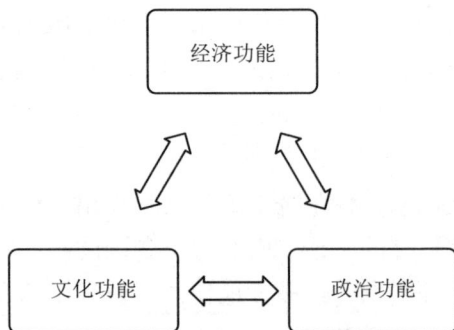

图 1-4　教育的社会功能

1. 经济功能

总体而言，教育与经济的关系是相互制约、相互作用、相互影响的双向互动关系。这种关系可以分为两个方面：一方面，经济对教育具有重要的决定和制约作用，如对教育的发展规模和速度、教育的内部结构、教育目的与内容、教学方法手段、教学组织形式等，具有重要的制约和影响；另一方面，教育又可以通过再生产劳动力、再生产科学技术以及创造和发展新的科学技术等途径推动经济发展，发挥其重要的经济功能。

（1）通过再生产劳动力推动经济发展

劳动力是生产力的一部分，而且是生产力中最活跃、最重要、最具有决定性的一个因素。任何社会再生产都要消耗一定的劳动力，为了使社会再生产顺利进行，劳动力需要得到源源不断的补充，这就是劳动力的再生产。劳动力再生产是社会再生产的重要内容和必要条件。如果说劳动力就是人的劳动能力的话，这种劳动能力可以分解为体力和智力两个方面。由此，劳动力的再生产也就包括两个内容和过程：一是人的自然成长和成熟过程，这个过程可以形成人的体力；二是教育和训练过程，这个过程主要形成劳动者的智力或脑力，即通过教育和训练，使劳动者掌握劳动的知识经验和技能技巧。

一个人没有掌握劳动的知识经验和技能技巧时，只是一个可能的劳动力。他虽然具备了劳动的器官，但还没有掌握劳动的本领，不具备劳动的能力。只有通过一定的教育和训练，使人掌握劳动的知识经验和技能技巧，他才能从可能的劳动力转变为现实的劳动力，才能顺利从事生产劳动。所以，要改变一般的人的本性，使他获得一定的劳动的知识经验技能技巧，成为发达的和专门的劳动力，就要有一定的教育或训练。离开了教育活动，人就不可能实现从一般的、可能的劳动力向发达的、专门的、现实的劳动力的转化。从这个意义而言，教育是劳动力再生产的基本途径和重要手段。

在现代社会中，教育把可能的劳动力转化为现实的劳动力，它的含义不仅仅是指培养具有一定文化科学知识的体力劳动者，如熟练工人等，同时也包括了培养主要从事脑力劳动的科学家、工程师、设计师、技术员等专门人才。从现代生产的特点来看，随着生产社会化和生产专门化的发展，大量产品已经变成多种机构（如生产企业、研究设计单位等）和多种人员（熟练工人、技术员、工程师、管理人员等）协作劳动的成果。在这样的情况下，劳动力已经不再局限于直接使用和操纵生产工具的人，还包括其他方面的人员。"劳动力"这一概念在社会化大生产条件下已经有了极大的扩展，除直接使用和操纵生产工具的人之外，工程技术人员、科研人员、生产和经营活动的管理人员等，也成为直接生产领域的物质生产者，成为劳动力的重要组成部分。而且，这一部分劳动力对整个社会生产和经济的发展所起的作用正变得越来越大，越来越具有举足轻重的意义。为此，当今世界各国都十分重视通过发展教育，造就大批的科技和管理人才。一个国家科技和管理人才的数量和规模，被看作衡量其生产力发展水平和经济发展实力的一个极其重要的指标。

总而言之，教育再生产劳动力，在现代社会条件下，就是培养出四个方面的人：一是培养出大批能够直接使用和操纵现代化生产工具的人，二是培养出大批能够在生产工具和生产技术上不断有所革新的人，三是培养出一批能够在科学技术领域有所发现和有所发明的人，四是培养出一批能够对生产和经济运行进行有效管理的人。

通过教育培养和造就大批的上述各类人才，可以极大地改变劳动要素，提升生产和经济领域人力资源的素质和水平，在此基础上，可以提高生产劳动效率，推动生产发展和经济的迅速增长。

（2）通过再生产科学技术推动经济发展

在现代社会条件下，教育再生产劳动力与再生产科学技术有着不可分割的密切关系，教育再生产劳动力主要是通过再生产科学技术来实现的，两者是统一的。科学技术是现代生产力的重要构成要素。传统的生产力要素仅仅指劳动者、生产工具和劳动对象。在现代社会中，由于科学技术广泛地应用于生产过程，现代生产力已经突破了传统生产力的结构范围。科学技术作为现代生产力中极其重要的"附着性要素"，可以分别"附着"在劳动者、生产工具和劳动对象身上，从而改善和提高上述各个要素的素质和水平，有力地推动生产的发展和经济的增长。

科学技术是有明显的继承性的。科学技术并不是某一历史时期的产物，而是人类社会整个历史发展过程的结晶，它是一个不断继承、积累和发展的历史过程。任何一个人或一个时代，对于客观自然的认识总是有限的，人类要在真理的长河中不断前进，就需要科学技术知识的继承和积累。继承和借鉴前人的科学技术成果，是科学技术发展的前提条件。

教育在这个历史过程中起到十分重要的作用。通过教育，可以把人类社会先前积累起来的科学技术成果传授给新一代。如果没有教育所实现的科学技术的再生产，人类创造的科学技术成果就不能得到传递与继承，当代科学技术达到的水平也是难以想象的。教育对科学技术的再生产有以下两个显著影响。

第一，教育对科学技术的再生产是一种扩大的再生产。学校教育活动的实施，可以使原先仅为少数人（如科学家和研究人员）所了解和掌握的科学技术为广大的人群所掌握，使科学技术能在更大的范围内普及、推广和应用。教育对科学技术的这种扩大的再生产，可以极大地提高广大社会成员的科学文化水平，从而为今后科学技术力量的补充和发展提供广泛的基础。

第二，教育对科学技术的再生产是一种高效率的再生产。在学校教育的条件下，在经过精心组织的特定的教学环境中，通过教育者——教师的引导，借助于一整套有效的教学方法和手段，学生可以在很短的时间内掌握人类用很长时间才积累起来的科学技术成果。换言之，教育可以把前人长期积累的大量科学技术成果，经由教育者高速度、高效率地传递给受教育者，从而以最便捷、最有效的形式，实现对科学技术的再生产。

现在，科学技术发展一日千里，在信息技术、新能源技术、新材料技术、生物工程技术、空间技术、海洋技术等领域，其发展速度更是惊人。在这种背景下，通过学校教育再生产科学技术，将最新的科学技术传递给年轻一代，让他们掌握并在生产和经济活动中加以运用，这对于促进社会经济发展，具有十分重要的意义。

（3）通过创造和发展新的科学技术推动经济发展

学校教育的主要任务，是向年轻一代传授人类已有的科学文化成果。但是，不容忽视的是，学校教育在向年轻一代传授人类已有的科学文化成果的同时，即在进行科学知识再生产的同时，也在不断地创造和发展科学技术，不断地生产出新的科学发现和新的技术发明，推动科学技术向前发展。教育所具有的这种创造、生产和发展科学技术的功能，主要是由高等学校来承担的。

总而言之，在现代社会里，高等学校已把开展科学研究活动、推动科学向前发展当作其重要的职能之一。高等学校大量科学研究成果的涌现，充分证明高等学校已经成为从事科学研究的一支极其重要的力量。高等教育机构所创造的大量科学技术成果一旦被运用于生产和经济领域，同样也能够带来显著的经济效益，促进生产和经济的发展。

2. 政治功能

作为一种复杂的社会现象，政治的表现形态多种多样，既有"物质"的形态，如各种政治制度、政治权力的实施机构也有"观念"的形态，如反映政治路线、方针、政策，以及相关的政治理论和政治学说等；还有"活动"的形态，如宣传等。

教育与政治的关系，和教育与经济的关系一样，也是相互制约、相互作用、相互影响的双向互动关系。一方面，政治对教育的诸多领域，如教育目的和内容、教育管理体制、教育资源的分配等，具有重要的制约和影响作用；另一方面，教育并不是消极、被动地接受政治的制约，它作为一种能动的社会因素，也能对政治产生重要的作用和影响，具有重要的政治功能。

（1）促进年轻一代政治社会化的发展

个体社会化指一个人由"自然人"向"社会人"逐渐转变的过程，是个体在后天生活过程中通过与社会的交互作用，吸收并适应社会文化和规范，从而成为一个合格的社会成员的过程。个体政治社会化是个体社会化的重要内容和组成部分。所谓个体政治社会化，指个体逐渐掌握和了解一定政治体系所倡导和认可的政治规范、政治价值观念，形成拥护一定政治体系的政治态度、政治情感、政治信念和政治行为方式的过程。当然，这里所说的对政治体系的适应，并不排除对一定政治体系的怀疑和批判。作为个体政治社会化的一个重要内容，要求具有一定的政治批判能力。

判断个体的政治社会化发展成熟与否，一般有四个主要标志：一是个体是否具备了最基本的政治常识，是否了解最基本的政治规范；二是个体是否已形成对特定的政党、政权、政府以及政治制度的肯定的、认同的态度；三是个体是否已形成较为稳定的政治情感；四是个体是否已具备政治参与意识和政治参与能力。

对国家和社会而言，学校教育是促进年轻一代政治社会化的最有效场所和工具。学校不仅可以通过各种课程的开设，对学生进行直接的政治教育，从而影响他们的政治思想、政治立场、政治态度、政治行为等，而且，学校还可以将一定的政治价值观念渗透和隐含在其他各科教学中，向学生传播。此外，学校还可以通过引导学生参加一定的政治活动，在活动和交往中，强化和调整他们的政治思想观念，促进其政治社会化的发展。

（2）培养和造就政治人才

学校在培养这些政治人才时，不仅要促使他们形成一定的政治观念，而且要促使他们掌握相应的管理知识与能力。如我国古代的学校教育，向学生传授的大半是"修己治人之道"，目的是要他们能够"致君泽民"。在现代社会，随着政治、经济和文化的发展，社会对政治人才特别是对于政治精英人才的知识与能力结构、领导艺术和决策水平等，都提出了更高的要求。在这样的背景下，很多国家在政治人才的选拔方面，都出现了明显的"高学历化"趋势，都非常重视通过系统教育的方式来培养和造就政府官员和管理人才。

3. 文化功能

文化是社会有机体的重要组成部分。教育与社会文化是紧密关联的，教育活动不能脱离社会文化而存在，教育的所有活动都是在文化系统这个大背景中展开的，离开了社会文化，教育这一要素就不能充分地被认识。

文化制约着人类各方面的活动，同样制约着人类的教育活动，对于教育的基本内容、教育观念、教育态度、教育行为、教育模式等，都有重要的制约和影响作用。但是，另一方面，教育对于文化的延续和发展等，又有着重要的反作用，这种反作用，就是教育所具有的文化功能。教育的文化功能主要表现在以下方面。

（1）传递文化的功能

文化的传递是文化的世代传承，是文化在时间上的延续。由于文化具有独立于人的生物肌体之外的特点，因此，社会文化的所有成分和各方面内容，如科学、哲学、道德、文学、艺术、传统习俗、思维方式、民族心理等，都不可能通过生物繁殖和遗传的方式，一代一代地延续和传递下去，而只能通过后天的教化和教育，才能实现文化的代代相传。所以，教育是实现文化保存和传递的基本手段，是文化的"基因"。

值得注意的是，教育对文化的传递，通常是通过一种特殊的方式，即促使文化在不同载体间的转移，对文化加以"激活"或"活化"来实现的。文化是抽象的，它的存在通常离不开一定的载体。文化所依附的载体，一般主要包括象征符号（如文字等）、物品（如文物、古建筑等）以及活生生的人等，当文化仅仅依附于象征符号、物品这两种载体时，它还没有走向"活化"状态。只有通过教育，将文化教给年轻一代，使文化由依附于象征符号、物品，转变为依附于活生生的人这一载体，并使人在实践中运用它，使它成为社会生产和生活的重要内容和手段，这种文化才能在现实中显示它的生命力和存在价值。如果一种文化不能通过教育的方式一代一代地传递下去，不能在后代身上获得再生，那么，这种文化不可避免地就要逐渐走向消亡。所以，教育对文化的传递，使之能够得到很好的保存，绵延不绝。

教育的基本社会功能之一，是通过教育者和受教育者的共同活动，实现文化的传递。传递文化是教育的基本功能。教育传递文化的功能，随着人类社会发展，它的内涵也在不断地发生变化。进入现代社会后，教育传递文化的功能日趋开放，不仅注重传递本民族传统文化，也注意传递外来文化的优秀要素；不仅注重主流文化的传递，也关注多种亚文化的存在；不仅将人类积累的文化知识传给下一代，更着力于在这个过程中形成人的文化再生的能力。

（2）传播文化的功能

文化的传播是文化从一个区域向另一个区域的扩散，是文化在空间上的流动。在传播方向上，可以是某一文化共同体的文化向另一文化共同体的单向流动或扩散，也可以是多种文化的相互传播。在空间范围上，它的流动和扩散可以是较小的，也可以是较大的；可以是在同一文化圈、文化区之内，也可超越本文化圈、文化区向其他文化圈、文化区扩散和流动。

文化的传播可以促进不同文化的广泛接触和融合，使文化超越地理环境和历史传统的约束，为不同文化主动吸收其他文化的优秀元素，从而不断丰富和发展自身，增生出新的文化因子，创造机会和条件。因此，文化的传播和交流是文化发展的重要动力。

文化传播的途径有很多，包括移民、迁徙、贸易、战争等，教育也是其中一个十分重要的途径。与其他文化传播途径相比，教育对于文化的传播，具有自己独特的特点：教育在传播文化的过程中，还可以促进多种文化的融合。

（3）选择文化的功能

文化选择就是对文化的取舍。通过对文化的取舍，可以使某些文化受到尊崇和重视，同时使另一些文化受到拒斥和贬抑。社会文化包罗万象、十分复杂，其中既有精华，又有糟粕。教育作为一种文化价值的引导工作，在对文化进行传递和传播时，必然要对其进行"筛选"和"过滤"。因此，并不是所有的社会文化都可以进入教育传播渠道。

随着物质生活水平的提高，社会文化越来越丰富。现代科学技术的发展，也使得文化交往的时空界限被冲破。在人们面前，既有人类积累的浩大无边的文化遗产，又有各具特色的不同文化的冲击。因此，人们必须解决个体掌握文化的容量有限和人类浩大文化遗产的矛盾，必须学会如何面对外来文化的挑战与冲击，做出正确的文化取舍。教育的文化选择途径主要包括以下方面。

第一，通过对培养目标的确定来选择文化。教育的培养目标的提出，既是文化选择的根据，也是文化选择的结果。为了培养社会需要的人才，教育者要鉴别和选择适合社会发展所需要的世界观、价值观、人生观、道德观、政治观等，来影响和塑造受教育者的各方面品质。同时，在传播知识的过程中，对思维方式等做出一定的选择。

第二，通过对教育内容的确定来选择文化。确定教育内容的过程，就是选择文化的过程，它反映在课程的设置和教材的编撰上。现代各国教学内容的选择，不仅反映了文化发展的水平和文化的民族性，而且愈来愈重视对各种亚文化的选择，力求反映文化发展的未来趋势。

第三，通过教师选择文化。经过文化选择的教育内容，对受教育者而言还只是外在的东西，还必须将其内化为学生头脑中的"活文化"。在这个过程中，教师的个体文化起着"过滤""重组"的作用。教师个体文化在文化选择中的作用主要体现在：教师是文化选择的参与者，在教学内容、方式、方法的选择上具有一定自主权。同样的教育内容，不同教师可以用不同的方法传授给学生，这与教师个体的文化倾向有很大的关系。教育所选择的文化最终要通过教师传递给学生。教师的价值观念、道德品质、智能结构、审美情趣、生活方式和行为习惯等，对学生都有直接而深刻的影响。总而言之，在教育发挥其文化选择功能的过程中，教师的作用是不容忽视的。

第四，通过校园文化建设来选择文化。校园文化是由师生和学校管理者经过长期的培养而形成的，它反映了社会文化发展的要求和校园师生的智慧与意志。校园文化选择往往是潜移默化的，具体体现在校园建设、良好人际关系的确立、校园活动的组织、学校规章制度的制定和多种设施的建设等多方面。随着人们对教育与环境之间的关系的认识的加深，校园文化的选择作用已为人们所广泛注意。

教育对文化有目的、有意识地主动选择和净化，可以使人类文化宝库中的优秀成分得到传承和发扬光大，同时，使文化中的糟粕得以扬弃。这不仅对于促进文化自身的兴盛与繁荣具有重要意义，而且对于促进年轻一代的健康成长，对于推动社会的发展与进步，都具有重要意义。

（4）创造文化的功能

教育通过传递文化、传播文化、选择文化，显示了对文化的巨大影响，但这主要是根植于原有文化的基础之上。文化要获得发展和进步，最终离不开文化的创造和更新。诚然，教育在传递文化、传播文化、选择文化的过程中，也包含着文化的创造和更新，换言之，教育对文化的传递、传播、选择，都不是只对原有文化进行简单的复制，在此过程中，会形成许多新的文化元素。

但是，教育促进文化创造的功能，主要是通过培养大量的具有文化创造精神和创造活力的人才来实现的。文化是由人创造的，也是由人来推动其发展的。文化的更新，必须依靠文化的主体——人及其创造性。纵观人类文化发展的历史，每一个文化革新的时代、文化大发展的时代，都有一大批文化巨人出现。而作为文化创造主体的人，其文化创造能力的培养与提高，则必须通过教育来完成，别无他途。教育可以使年轻一代在短时间内迅速掌握人类全部文化的精华，可以培养和提高年轻一代进行文化创造的兴趣和能力。然后，他们就有可能站在前人的肩膀上，在继承前人创造的文化成果的基础上，进行新的文化创造，在科学、哲学、文学、艺术等各个领域继续向前迈进。

（二）个体功能

教育的基本功能有两个指向：一个指向整体社会；另一个指向每个个体。教育的对象是人，是现实世界中的每个个体，教育对于每个个体的生存和发展具有重要的作用和影响，这种作用和影响，一般可称之为教育的个体功能。教育的个体功能具体包括教育的个体发展功能、个体谋生功能和个体享用功能等（图1-5）。从教育实践的层面而言，教育个体功能的真正实现要求教育必须适应青少年身心发展的规律、在交往实践中促进学生的发展等。

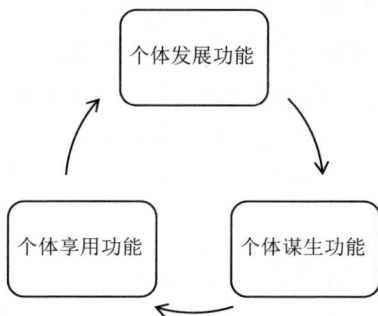

图1-5 教育的个体功能

1. 个体发展功能

从广义上而言，个体发展是指纵贯人生各个阶段（从个体出生到生命终结）、在身心各方面所发生的变化过程。从狭义上而言，个体发展则是指在青少年儿童阶段，随着年龄的增长，身心各方面所发生的积极的、有规律的变化。

个体发展的内容十分丰富。一般而言，个体发展可以分为生理（身体）发展和心理发展两大方面。生理发展指有机体的自然形态和组织器官及其机能的发展、成熟与完善，具体又包括机体的发育和体质、体力、体能的增强等；心理发展指人的心理过程和个性心理的发展，包括认知发展、情感发展、意志发展等。生理发展和心理发展这两大方面之间是相互作用、相互影响的。其中，生理发展是心理发展的物质基础，而心理发展则是生理发展的重要精神支柱。

（1）个体发展功能的内涵

无论是把学校教育视作按照个体身心发展的需要而精心设计和组织的一种特殊的外部环境因素，还是将其视作发展主体参与的一种特殊的实践活动，抑或将教育视作兼具特殊的外部环境和特殊的实践活动特性的综合性因素，相关理论都特别强调：教育特别是学校教育，对于青少年个体的身心发展是一个极其重要的影响力量。换言之，教育具有重要的促进个体身心发展的功能。教育对个体发展的主导作用主要表现在以下三个方面。

第一，对个体发展的定向作用，即对个体发展方向的引导作用。教育活动的开展与实施，将有助于受教育者按照"合适"的方向发展，改变其盲目、任意发展的状况。所谓"合适"的方向，一方面意味着使受教育者的发展符合社会的需要和要求，与社会期望保持一致；另一方面意味着帮助每个受教育者从他们各自的个性特征、潜质、天赋、兴趣、特长等出发，对自身发展方向作出正确判断和合理选择，找到适合其自身特点的最佳发展方向，从而使每个人所具有的不同的发展潜力都得到充分的展现和发挥。

第二，对个体发展的加速和强化作用。学校教育可以加快个体发展的进程，使其发展速度超出那些没有接受同等教育的人，从而缩短实现个体发展目标所需的时间。学校教育还可以使受教育者在各方面达到较高的发展程度和水平，如掌握系统的知识技能，形成较强的能力，在德、智、体、美各方面实现全面协调的发展。

第三，对个体终身发展的奠基作用。个体发展是一个持续终身的过程，学校教育可以为个体的终身发展奠定坚实牢固的基础，为个体离开学校之后的继续发展创造必要的条件。换言之，学校教育对个体发展的影响，不仅具有当下的、即时的价值，而且具有延时的、未来的、长远的、终身的价值。学校教育具有的这种延时的、未来的、长远的、终身的价值，主要体现在两个方面：学校教育尤其是初中教育的内容是基础性的，具有普遍的适应性和起始性特点，对这些内容的掌握，是个体今后进一步学习和发展的必要条件；学校教育可以提高人的自我意识水平和自我教育能力，帮助个体提高自我调控和自我塑造能力，这对于个体终身的持续发展而言，无疑具有十分重大的意义。

当然，教育对个体发展的这种主导作用不是无条件的。这种主导作用要真正得以实现，既需要一定的外部环境条件，如要求社会的发展能够为个体发展提供相应的前提和保证，同时会对教育活动自身提出相应的条件和要求。

（2）个体发展功能的体现

就教育活动自身的条件而言，教育要能够真正有效地促进个体发展，并发挥其主导作用，它必须充分地适应和遵循个体身心发展的特点和规律。如果教育活动无视或者违背个体身心发展的特点和规律，教育对个体发展所发挥的主导作用就会落空，教育也就不能真正有效地促进个体发展。可以说，对个体身心发展的特点和规律的适应与遵循，构成了教育主导作用实现的前提条件或基本依据。一般认为，这种适应和遵循，具体而言主要体现在以下方面。

第一，教育必须适应和遵循个体身心发展的不均衡性。个体身心发展的不均衡性主要包括两层含义：一是个体身心不同方面的发展，并非齐头并进、同时达到成熟的程度，而是有快慢和早迟之分，这种现象也被称作个体身心成熟的"异时异步"现象。例如，生理和心理两大系统的成熟时间是不同步的，生理成熟在先，而心理成熟在后；生理和心理两大系统内部各个具体元素的成熟时间也是不同的。二是个体身心发展并非始终以均匀的速度进行，在不同的时期和年龄阶段，发展的速度往往是不同的，有时较快，有时较慢，呈现出"加速"和"平缓"交替出现的特征。

个体身心发展的不均衡性，一方面要求教育活动必须高度重视并且很好地把握住个体身心发展的关键期，要在关键期里及时地对个体施加各种合理的教育和训练。所谓关键期或关键年龄，是指儿童身体或心理某一方面的机能和能力最容易形成、发展速度最快的时期。在关键期里，如果能够及时地施加合理的教育和训练，其作用就会超过在其他时期的教育和训练，从而最大限度地促进个体某些潜能的发展。另一方面，则必须考虑个体的"成熟"机制与教育的关系，在"合适"的年龄开始进行"合适"的教育，杜绝"过早""提前"的盲目施教，避免出现"揠苗助长"等问题。此外，教育活动还必须因势利导，有效地防范和化解个体身心成熟的"异时异步"现象可能对青少年儿童成长带来的各种危害。

第二，教育必须适应和遵循个体身心发展的顺序性和阶段性特点。青少年的身心发展是按照某种固有顺序进行的，而这种顺序是由基因和"成熟"机制决定的。其中，身体的发展是按照从头部到躯干和四肢的顺序进行的，心理的发展总体而言是按照从低级到高级、从简单到复杂的顺序进行的，如记忆的发展是按照从机械记忆占主导地位逐步到意义记忆占主导地位的顺序进行的，注意的发展是按照从无意注意占主导地位逐步到有意注意占主导地位的顺序进行的，思维的发展是按照从具体形象思维占主导地位逐步到抽象逻辑思维占主导地位的顺序进行的，等等。青少年的身心发展过程又可以区分出若干不同的阶段，在不同的年龄阶段，青少年所表现出来的年龄特征又是各不相同的。所谓年龄特征，就是青少年的身心发展在特定年龄阶段内所表现出的一般的、典型的、本质的特征。不同年龄阶段的青少年一般具有不同的年龄特征。例如，在初中生的思维中，抽象逻辑思维已经占据主导地位，这是初中阶段学生思维发展的年龄特征。

个体身心发展的顺序性和阶段性特点要求教育活动必须注意循序渐进，尊重青少年身心发展的年龄特征，教育活动应指向并触动"最近发展区"。"最近发展区"是苏联心理学家维果茨基提出的一个重要概念，即任何一个青少年身上都存在着两种发展水平：一种是现有发展水平，即青少年在独立活动中所能达到的解决问题的水平；另一种是潜在的发展水平，即青少年经过自身努力并借助成人的指导，很快就能达到的能够解决问题的水平。这两种水平之间的区域就是"最近发展区"。教育者不应只看到青少年已经达到的发展水平，教育教学活动也不应只是被动地适应现有的发展水平，而必须走在发展的前面，触动"最近发展区"，只有这样才能更好地牵引和带动青少年的身心发展。

第三，教育必须适应和遵循个体身心发展的差异性。不同的个体之间，由于先天素质、后天环境、教育条件及主观努力状况的不同，身心发展的状态也千差万别。在任何一个班级乃至更大的范围里，都不可能找到两个各方面发展状况完全相同的学生，就如同在一棵大树上不可能找到两片完全相同的树叶一样。个体身心发展的差异性表现在很多方面，如发展程度和水平的差异、发展先后和早迟的差异、发展方向和领域的差异、性格的差异、性别的差异等。

个体身心发展的差异性，要求教育活动必须在统一施教的同时，注意因材施教，实施差异化教学，要区别对待，长善救失，有的放矢，增强教育活动的针对性。尤其是在大规模的班级教学成为普遍的教学组织形式的今天，每个教师都应努力研究和把握教育对象身心发展的差异，选择最优的教育措施和手段，使每个学生都能各得其所，实现最大限度的发展。此外，教育要发挥对个体发展的主导作用，还要遵循儿童的身心发展规律，积极协调各方面的教育影响，努力使之成为促进个体发展的合力。

2. 个体谋生功能

虽然人类个体在刚刚脱离母体时，就具有某些本能。但是，仅仅依靠这些先天的能力，是不能满足后天复杂的社会生产和生活的需要的。因此，作为人类的新生个体，在出生之后必须用很长的时间进行多方面的学习，包括学习和掌握各种日常的基本生活知识和技能，如学会吃饭、穿衣、说话、走路等，能够自理。此外，在达到一定年龄后，还必须学习和掌握某种职业劳动的知识和技能等，即掌握一技之长，为谋取职业、维持生计、实现自立作好准备。个体依靠后天多方面的学习，才能逐渐地获得必需的知识、技能，成为一个能有效地参与社会生产和生活的主体。

当然，人类个体生来也有很多独特的优势，如复杂的大脑、复杂的语言器官和灵巧的双手，具有比任何其他动物更大的发展潜力。另外，人类个体出生后都有一个较长的"非独立生活期"或"生活依赖期"，这可以为人类个体学习和掌握各种知识技能等提供必要的时间。任何一个人类个体，如果不能很好地利用"非独立生活期"，在此期间接受相应的教育，并借助于教育的途径，学习和掌握各种必要的知识、技能、规范等，将来就很难在这个世界上立足和生存。正是基于这一原因，教育是个体谋生的必要前提和基础。

教育的个体谋生功能，与教育的个体发展功能有着显著的不同。教育的个体发展功能，主要指的是教育对于个体身心的成长、健全、和谐与完善所发挥的作用；而教育的个体谋生功能，则主要指的是教育对于个体生存能力的形成所发挥的作用，它关注的是社会生产和生活对个体的知识技能的要求，以及个体对社会生产和生活的适应与应对。因此，教育的个体谋生功能，就在于教人学会生存，使人获得必要的谋生能力和手段。

对于个体而言，发展是立足于生存的基础之上的，生存是发展的前提，是个体最基本的现实性需要，生存之需比发展之需往往更为迫切和直接。而人类个体要生存，显然离不开教育。人们接受教育，总是有意或无意地基于个体生存的现实需要，教育事实上成为个体生存的基本要求，成为个体谋生的重要途径。在任何时代、任何社会中都是如此。

　　从教育产生的早期阶段来看，在原始社会里，在认识自然和改造自然的实践过程中，人类的智力和体力逐步得到了发展，同时逐步积累了一定的生产劳动方面的知识、经验。为了使生产劳动能够代代继续下去，也为了年轻一代能够更好地生存，年长一代意识到，必须把积累的这些知识、经验传递给年轻一代，而教育正是传递这些知识、经验的一种有效方式。因此，从起源上看，教育的产生首先是为了满足人类生存的需要，自然这其中也包含了满足个体有效地获取谋生本领的需要。

　　在此后的农业社会里，由于生产力水平低下，生产劳动的工具和过程较为简单，生产劳动主要是体力劳动，是一种体力消耗和付出的过程，对劳动者的智力素质没有较高的要求。他们只要具备充沛的体力，掌握一些简单的手工操作的技艺，就能够胜任这种劳动。因此，农业社会里直接从事物质生产活动的劳动者不需要接受专门的学校教育，劳动知识与技能通过父传子、师傅带徒弟的方式就可以获得和掌握。

　　进入工业社会之后，社会生产力的迅速发展、生产工具的日益复杂，对物质生产领域劳动者素质的要求显著提高。要参与现代生产，劳动者必须接受系统的学校教育，掌握一定的科学文化知识。因此，教育成为现代工业社会中劳动力生产的必要条件。

　　个体生活在社会中，通常要以一定的职业为生，而个体要谋取和获得某种职业，则是与接受一定的教育紧密关联的，通常要以接受一定的教育和训练为前提。这是因为，在现代社会条件下，与各种不同的职业和岗位相联系、相对应的，是不同的素质和能力、不同的专业技术要求。换言之，作为社会成员，要想获得某一职业和岗位，必须具备这一职业和岗位所要求的素质和能力以及相应的专业技术水准。要使自己具备和符合这一职业和岗位所要求的素质和能力，则要依靠教育功能的发挥。教育这样一种社会活动、一种个人经历，可以为社会成员选择社会的相应职业和岗位，提供一个必要的"凭据"和"通行证"。

　　从现代工业社会发展的历程来看，伴随着工业技术革命的不断发展和进步，职业对人的教育程度和层次的要求越来越高。以蒸汽机为标志的第一次工业技术革命，要求劳动者普遍必须具备小学文化；以电力为标志的第二次工业技术革命，要求劳动者普遍必须具备初中文化；以电子信息技术为标志的第三次工业技术革命，则要求劳动者普遍必须具备高中文化并接受过职业化训练。

　　在当今时代，伴随着各种新技术的不断进步，以及产业结构和职业结构的"趋高级化"发展，各行各业对从业人员素质的要求不断提高，导致越来越多的人需要接受专门的高等教育训练。教育在个体的职业谋取和选择方面所发挥的作用，也相应地得到进一步加强。当代社会就业与教育条件的不断提高，不仅要求加快教育事业普及和发展的步伐，也对教育内容和教育过程等提出了更多更高的要求。这就决定了为就业和生活做准备的教育，在传授社会文化和规范行为的同时，必须更好地传授相关的职业技能和能力，使学生获得谋生的具体技能和本领，更好地解决其"何以为生"的问题。

在现代社会还没有达到生产力高度发达和对产品"各取所需"的情况下，劳动既是人生活的需要，更是人谋生的方法。这就要求教育，包括职业教育和高等教育，必须培养学生的职业角色意识、传授职业技能，让学生很好地学习和掌握一定职业岗位所需的知识和技能，为较好地胜任一定职业的劳动做好必要的准备，普通教育包括基础教育也同样应当肩负为个体就业做准备的职责。作为一种全面的素质教育，普通教育包括基础教育也负有职业指导和职业定向的重要职责，要指导学生根据自己的兴趣、爱好和能力，结合国家和社会的需要，确定自己未来的职业方向，帮助他们实现自己的职业理想。

3. 个体享用功能

教育在促进个体身心发展、提供个体谋生所必需的技能和本领的同时，还能使受教育者的精神生活需要得到满足，内心世界得到充实和完善，从而获得和增强人生的幸福感受，显著提升个体生活的幸福指数，进而使生命质量和生命价值达到更高的境界，这就是教育的个体享用功能。

教育的个体享用功能主要体现在人接受教育与获得幸福的关系上，这种关系就在于：首先，教育能够充分满足人的内在需要，奠定个体幸福的基础；其次，教育可以提升人的认知水准，丰富人的情感世界，给人以体验和感受幸福的能力；最后，学校生活本身也是一种幸福生活，求真、向善、臻美是校园生活的主体价值，这样的学校生活可以为人创设一种体验幸福、感知幸福的良好氛围。

如果说教育的个体谋生功能主要体现在教育可以满足个体的生存需要，那就意味着个体为了满足外在的社会需求、达到某种外在的目的而必须受教育，意味着个体必须把教育作为一种谋生手段和工具，那么，教育的个体享用功能则主要体现在教育可以满足个体内在的精神需求，意味着教育可以使人获得自由和幸福，获得心灵上的愉悦和享受。

在教育的个体功能中，促进个体发展不仅是教育的基本使命，也是教育功能的直接指向。但当发展只是人为地指向外在的社会需求时，发展本身就是个体获取谋生本领的必要环节。在此意义上，教育就成为个体生存的一种基本途径和必要手段，教育的个体谋生功能也由此而凸显。但是，当发展指向人的内在心灵的需求时，发展本身就已成了"人之为人"的基本形式。在此意义上，以促进人的发展为己任的教育，就将成为个体生存（过"人之为人"的生活）的基本方式，或者说是个体生命的基本形式，教育的个体享用功能也因此得以彰显。

从人类社会发展的角度来看，教育满足人的需要，首先是满足人的生存需要，这是基于人类保存自身和个体谋生的现实之需。而后，随着人类的进化、社会的进步、物质的丰富、精神的提升，教育才开始从既往的以生存价值、功利价值为主，转化为以其具有的精神价值为主，人们逐渐把精神的完善作为追求的目标，从而达到精神上的满足与享受。这种教育不是因为它有用或必需，而是因为它是自由的和高贵的。在此，教育深层次地展示了现代社会中个人自我发展和完善的内在需要，教育已是个体生活的一种形式。个体之所以需要教育，不是为了谋生或成为外在社会所期望的人，而是为了自身精神的追求，为了丰富和提升个人的生活，过一种"诗意的人生"，获得精神上的愉悦。

从个体发展的角度来看，教育的个体享用功能的实现，也是个体发展的必然延伸。对一个青少年而言，要成为改造世界的主体，其主体性的发展必须经历一个从他律到自律、从约束到解放的过程。在他律阶段，青少年仅仅是为了获得他人的奖励或逃避他人的惩罚而受教育，教育满足的仅仅是外在的要求，往往带有很大的功利性。只有到了自律阶段，在一个充分发展的个体身上，教育才成为较为明确的内在需求，在接受教育的过程中获得一种自我提升的满足感，从而使教育不再成为一种痛苦的过程，而是一种愉快的自主的精神建构过程，个体能够不断地体验到教育生活中以及由教育生活带来的幸福。

人生的幸福是与自由密切相关的，自由是人生追求的重要内容。自由就是人类在获得基本生存保障的前提下，使自己免于被强制、被干涉、被奴役的状态，能够基于自身的主动意志而非任何外部力量，自主地或自觉地对自身的行为、活动和生活方式作出决定和选择。自由意味着作为主体的人能够无约束地获得幸福，能够真正实现个体的人生价值、提高生活质量和生命质量。

个体受教育的过程，正是一个促进个体发展，使其不断追求和实现自由的过程。现实世界中个体的活动要受到种种客观因素的制约，自由的活动不是要去否定或无视这些因素，而是在认识和遵循客观规律的基础上，反映人的主观意志。所以，自由的活动是外在的必然性和自我的目的性的统一。一个人受的教育越多，对外在必然性的认识就越深刻，就越能够在尊重和把握客观事物本身规律的基础上，在更大的程度上体现自身的自由意志。

教育通过向人传授知识，教人求真、向善、臻美，促进人的智慧、情感、道德等全面发展，从而可以养成完美的自由人格，造就现实生活和活动中的自由人。可以说，教育活动的实施，是促进受教育者自由人格不断提升和完善的不可或缺的环节和条件。受过教育的人才是真正的自由之人，而追求自由最终是为了获得生活的幸福。因此，教育从本质上说，就是培养人们感受幸福、追求幸福、创造幸福的能力的一种活动。只有受过教育，才能成为自由之人，成为幸福之人。

二、教育哲学

"教育哲学作为追求教育智慧的智慧，是以哲学反思的方法研究和形成合理性教育理论和实践的学问。"[①] 学习教育哲学，对深化教育学学习，提高教育思维能力，把握前沿性教育理论和实践问题，提高解决复杂教育理论和实践问题的能力，具有重要意义。

（一）教育哲学的研究对象

教育思想是教育哲学的研究对象。教育思想是所有教育哲学构成的根据和原则，推演依托的逻辑支点，评价依据的尺度和检验的标准。作为教育哲学的逻辑支撑点，教育思想具体包括教育思想自身蕴含的形式逻辑、文化传统、人性假设、思维方式、价值尺度、审美标准、行为准则和终极关怀等，这些都是教育哲学反思的真实对象和基本内容。教育思想以隐匿的状态普遍存在于教育中，并直接规范着教育，这造成了教育哲学反思的必要性和艰巨性；教育思想在教育中呈现出变化和多样的态势，使其具有可选择性和可批判性，这构成了教育哲学反思的可能性和现实性。

（二）教育哲学反思的方法

反思即反过来思考，是以思想自身为对象反过来而思之，是"对思想的思想"，作为人类思维的一种基本方式，是人的自我意识及其自觉程度的重要表现。反思包括日常反思、科学反思和哲学反思三个层次。哲学反思是前提反思，前提反思是教育哲学的研究方法。以教育思想为对象的教育哲学，其研究方法是不同于而又超越和扬弃了教育日常反思和教育科学反思的哲学层面的前提反思。作为哲学的思维方式，教育哲学的前提反思是教育思想对构成自己的根据和原则

---

① 司晓宏．中学教育基础 [M]．西安：陕西师范大学出版社，2016.

的反思，这是最深层次的反思，也是难度最大的反思，是教育学者的自我意识及其自觉程度的重要表现。作为辩证思维方式，教育哲学反思就是以否定性的方式对教育思想进行批判性思考，揭示教育思想与教育实践之间理想与现实、事实与价值等一系列矛盾，进而在一定价值观念影响下，选择和创造新的教育思想。教育哲学反思具有超验性、思辨性、前提性、批判性、综合性、实践性等特点。

第三节　教育活动组织与管理

一、班集体的组织与管理

（一）班集体中的班主任管理

班主任不仅是班级的组织者、教育者，也是学生的精神关怀者，在班集体建设、学生发展、学校各项工作的开展和加强校内外联系等方面扮演着多种角色，行使着多种职能。班主任在具备一名合格教师应具有的各种素质的前提下，还应具备当代管理者的素质。

1. 班主任的角色定位

班主任在学校中承担着教育管理的角色，不仅是班级的组织者、教育者，也是青少年儿童的精神关怀者。班主任的角色定位，具体有以下两个方面。

（1）班主任是初中日常思想道德教育和学生管理工作的主要实施者

思想道德教育是初中教育的组成部分，它通过学校教育的多种途径来进行，包括品德与生活（社会）课、各科教学和班主任工作。由此可见，班主任本身就负有对学生进行思想道德教育的任务，并与专门的品德课和各科教学所进行的思想道德教育不同，是思想品德教育的主要实施者。在品德与生活、品德与社会课程中，学生接受系统的思想道德教育，提高道德认识、培养道德情感、训练道德行为。在语文、数学等各科教学中，学生通过相关学科知识的学习，接受科学态度和价值观的教育；班主任则是在品德课和各科教学之外的大量时间里，巩固和加强学生在品德课上获得的认识，丰富学生的道德情感体验，引导学生的道德行为，使之养成道德习惯。对初中学生的日常管理除了思想道德指导外，还包括环境管理、学习指导、安全与法规指导、卫生与健康指导、学生评价等。这些工作主要由班主任负责实施，确保教学工作的顺利进行和学生的全面发展。

（2）班主任是初中学生的人生导师

班主任作为学生的人生导师，要在心目中规划每个学生成长的蓝图。初中生自身的知识经验有限，也尚未形成正确的人生观、世界观和价值观，需要班主任对其人生的发展给予有力的指导。班主任在工作中，凭借自身的知识经验和在学生心目中的威信，帮助学生确定人生目标，规划人生蓝图，帮助学生提高认识水平、分析判断的水平，帮助学生掌握知识和解答学生所遇到的各种疑惑。

2. 班主任的具体作用

班主任的具体作用如图1-6所示。

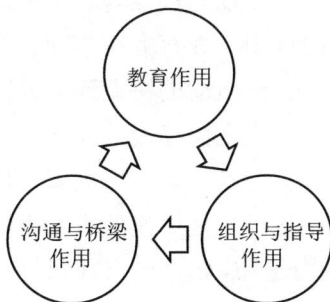

图1-6　班主任的具体作用

（1）教育作用

初中学生处于长身体、长知识和形成良好品德的初期，其健康成长离不开教师的精心指导，尤其在学生全面发展、能力培养、身心健康方面，班主任发挥着一般学科教师无法取代的作用，这是因为与学科教师相比，班主任与学生接触的时间相对较长、机会较多，比较了解其特点、成长状况，能针对学生具体情况为其指明努力方向，及时进行各方面的教育，引导学生全面发展。班主任的工作时刻关系着、联系着学生，对学生成长负有全面的责任，这就使得班主任的影响具有全面性、深刻性、持久性特点。班主任既要对学生进行全方位的品德教育，又要指导学生进行有效学习；既要关心学生的身心健康，又要对学生进行审美教育；既要在各种有益活动中培养学生的能力，还要发展学生的个性；等等。班主任是班级的直接管理者，对每一个学生负有教育的责任，对每一个学生的素质起着重要的作用。在工作中，班主任按照班级工作计划，有目的、有组织地开展多项活动，并借助自己的知识、行为和威信，对学生产生有形的、无形的、多方面的、不同形式的教育影响，激发学生接受教育的积极性，使学生学会做人，学会做事，促进学生健康和谐发展。

（2）组织与指导作用

一个班几十名学生虽有共同发展特征，但又各具特点，而且他们对教育、教学和自身发展有不同的要求和发展的可能性。班主任将学生组织成有效的班集体，既能保证学校各项工作的顺利开展，使每个学生获得教育教学计划所要求的一般发展，又能通过丰富多彩的班级活动，促进不同学生的个性发展。良好的班集体对每个学生的健康发展有巨大的教育作用，良好的班集体建设需要班级全体学生的参与，但是班集体建设工作是以班主任为核心的指挥、执行和监督的系统工程。在这个系统过程中，直接参与者是以班主任为首的班级全体成员，包括班级任课教师和班级学生。班集体建设间接参与者，是学校有关领导、家长委员会等。由于他们对班集体建设的认识、教育方法不同，为了使他们保持工作目标的一致性、教育要求的统一性、教育活动的协调性，共同搞好班集体建设，班主任需要积极协调，疏通各种有利于班集体建设的渠道，形成合力。在建设班集体的过程中，班主任既是领导者、教育者，又是组织者、指挥者，在整个班集体建设中处于核心地位。班集体建设是班主任工作的重要内容，需要班主任做大量深入细致的工作：组织和指导学生确立班集体的奋斗目标，选拔培养班委会干部，培养正确的舆论和良好的班风、学风，指导学生开展多种有意义的教育活动，逐渐确立和巩固学生的主体地位并让学生对班集体进行自主管理。

（3）沟通与桥梁作用

初中学生的成长受到多方面因素的影响，班主任的特殊地位决定了其是校内外多种教育力量的协调者，是沟通学校、家庭和社会三方面教育的桥梁。

第一，学校教育虽是学生发展的主导力量，但可能存在教师与学校之间、教师之间、教师与班主任之间、学校各部门之间要求不一致的现象。如何将其统一在学校教育目标之下，需要班主任沟通协调。

第二，不同学生受到的家庭影响不同，这些影响不可能完全与学校要求一致，也需要班主任沟通协调。

第三，现实生活中的学生受各种社会现象影响，如何沟通学校、家庭、社会，使三者形成教育合力，采取一致措施影响学生，还需要班主任沟通协调。

所以，班主任是学校、家庭、社会教育影响的协调者。班主任要明确自己的角色和责任，以自己为纽带构建有学校、家庭和社会三方面力量配合的网络。班主任通过多种方式与家长联系，对家长进行家庭教育的指导，让家长成为班级管理的助手。同时，班主任应积极参与社会工作并给予有力指导。

3.班主任的素质要求

（1）思想政治素质

思想素质是班主任素质结构的重要组成部分。班主任的一言一行、一举一动中流露出来的思想境界和精神风貌对学生有着潜移默化的影响。思想素质主要包括思想意识、思想品格和工作作风。其中，思想意识表现在具有强烈的事业心和责任感，坚持辩证唯物主义观点和全心全意为人民服务的宗旨，做到一切为了学生，根据学生和学校的客观实际情况，进行班级管理。思想品格表现在以正确的世界观、人生观和价值观为指导，积极工作，热爱学生，具有良好的职业道德，遵守社会公德。工作作风表现在实事求是、严于律己、艰苦奋斗等方面。

政治素质是班主任应该具备的最基本的素质，要求班主任具有坚定的政治立场，忠诚党的教育事业，全面贯彻党的教育方针和政策。同时，班主任要有较高的政治觉悟和高度的政治警惕性。

（2）业务素质

班主任作为专业化的教师和管理者，其业务素质主要包括教学科研业务素质和管理业务素质，具体包括合理的知识结构、多方面的能力结构、良好的个性素养和开拓创新的教育管理观念。只有具备了这些方面的业务素质，班主任才能有效进行创造性的班级管理。

①班主任的知识结构。教师的专业知识包含三个方面，具有复合型的特征。首先，班主任作为一名专业教师，应具备比较广博而扎实的基础文化知识，精通自己的专业知识，掌握有关教育对象、开展教育活动、进行教育研究等教育学、心理学知识。同时，班主任作为一名专业管理者，应掌握管理理论的系统知识，具体包括三个层面，即关于管理一般性质与规律的管理学知识、班级管理所在的教育管理领域的教育管理学知识和班级管理理论知识。

②班主任的能力结构。能力是直接影响活动效率，使人顺利完成某种活动的个性特征。班主任进行的班级管理是一项复杂的社会实践活动，需要班主任具备多种能力，其中主要包括以下方面。

第一，领导能力。如果说管理就是"领导"，那么班主任就是一名领导者。班主任的领导能力表现在对班级成员的行为和相应的各种资源进行运筹，为学生营造出最适合学生身心健康发展的教育环境。因此，班主任必须具有设计班级目标的能力、选择实现班级目标的途径及方法的能力、组织和引导学生并调度相应资源实现预定计划的能力，以及根据班级管理过程中的反馈信息调整计划的能力等。

第二，社交能力。班主任在工作中，需要与学生、任课教师、学校领导及学生家长等进行交流和协调。因此，班主任必须具备较强的社会交际能力。首先，班主任要具有敏锐的观察能力，以便了解和掌握学生、家长以及有关教师的情况，为进一步的沟通、交流提供依据。其次，班主任要具备较强的语言表达能力，以便与学生、家长、同事等进行沟通，特别是要了解学生真实的思想状况，并对其进行引导教育。班主任在口头语言表达方面做到准确、简洁、生动、流畅；在文字表达方面做到概括、严谨、清晰、简明；在体态语言方面做到恰当运用眼神、表情、手势等准确表达自己的意思。最后，班主任要具有较强的交往能力，与学生、家长、任课教师和学校领导等建立良好的人际关系，并引导班级学生之间和睦相处，团结互助。

第三，研究能力。班主任作为一名专业教师，要对本学科知识及其教学进行研究，成长为研究型教师。同时，班主任作为班级管理者，要不断认识管理对象。因为，初中生是一个个鲜活的个体，正处于人生发展的关键期，在认知、情感、意志等方面都具有较强的可塑性。这就决定了班主任必须着眼于具体的特殊的情境，按照学生的个性特点，遵循教育规律进行管理。同时，班级管理问题错综复杂，新问题层出不穷，已有的管理策略有时不能有效解决问题，也需要班主任加强研究。因此，班主任必须将管理和研究结合起来，在管理中研究，在研究中管理，充分提高班级管理工作的科学性和创造性。

（3）班主任的身心素质结构

心理素质是社会对当代社会成员提出的要求，但是班级管理工作中对班主任心理素质有特别的要求。这一特别的要求可以概括为：爱好广泛、情感丰富和良好的个性品质。

第一，班主任的兴趣爱好应该多种多样，既要有广泛的兴趣也要有中心兴趣，如琴棋书画、吹拉弹唱、体育运动等。初中生正处于身体发展最为迅速的时期，精力十分旺盛，对各种事物的兴趣浓厚，喜欢运动，对知识充满渴望。因此，他们往往希望班主任也能和自己一样有一定特长。班主任只有更贴近学生，才能在开展各类班级活动时拉近师生距离，和学生打成一片，如果班主任还能够在与学生共同进行的活动中展示自己的特长，那无疑将更容易受到广大学生的喜爱，也更容易树立起教师的威信，从而大大增强自身的影响力。

第二，班主任还应该有丰富的情感和稳定的情绪。丰富的情感推动班主任以全部的精力投入工作，创造良好的教学氛围，热爱学生，关心学生，满足初中学生的情感需要。而稳定的情绪则会使班主任保持良好的心态，沉着应对，理性分析和处理遇到的各种问题。

第三，班主任还应有良好的个性品质，主要表现在具有积极向上的态度，坚强的意志品质和良好的性格修养。由于班主任要引导学生树立理想，奋发向上。因此，班主任自身必须坚毅、乐观，而不能悲观消沉；由于班主任常常成为学生的模仿对象，因而教师就必须慎言慎行，严于律己，而不能不拘小节；由于班主任必须经常主动与学生交往，因而就必须善于言谈，而不能沉默寡言。可见，班主任具有良好的个性品质，不但对搞好班级工作大有益处，而且会对学生产生积极而深远的影响。

（二）班集体建设管理及途径

优秀的班集体具有强大的凝聚力，在这样的班集体中，更容易培养学生的自我教育能力，使学生协调发展，这样班主任的管理也就事半功倍了。因此，对于班集体的建设，班主任一定要高度重视。

①班会的主角是班主任和学生。班主任会以某一主题为核心开展班会，对学生进行思想教育。班会不仅有利于良好班集体的形成，也是学生进行自我教育的重要途径。班会活动能够促进良好班集体的建设，形成积极向上的班风；能够培养学生的集体荣誉感和责任感；能够满足学生全面发展的需要，培养其创造精神和综合能力。

②课外活动指的是课堂以外的各种活动。课外活动对班集体的构建有着十分重要的意义，课外活动应具有组织性和目的性，应达到一定的水平并取得相应的成效，这是班集体建设的主要途径，也是班集体形成的重要标志。课外活动主要分为两大类：一类是围绕教学展开的实践活动，如配合学科开展的实验等；另一类是围绕德育展开的实践活动，如军训、公益服务、社会考察等。这两类活动都是希望学生在教师的引导下走向社会，达到一定的教育、教学目的。

二、课堂教学组织与管理

教师在课堂中主要履行两大职责：建立秩序和促进学习。建立良好的课堂秩序，需要教师进行有效的课堂管理。课堂管理行为是教师课堂教学行为的一个重要组成部分。

（一）课堂教学组织与管理的具体意义

课堂教学组织与管理指的是教师对课堂进行的控制，其目的是保证教学活动的顺利开展，主要内容是教师在课堂中的行为活动，具体来说包括改善课堂环境、维护课堂秩序、监督学生行为、指导学生学习，以及处理违规违纪行为等。

课堂教学组织与管理具有十分重要的意义，主要有以下三个方面。

①维持良好的课堂教学秩序。课堂教学秩序指的是在教师的引导下形成的有序的学习氛围，是课堂教学能够顺畅、有序开展的前提。课堂秩序的维护需要教师和学生的共同努力，学生应具备自觉遵守秩序的意识，教师应从外部进行约束管理。可以说，没有课堂管理，课堂秩序就难以维护好，更谈不上教学目标的实现。

②约束和控制违纪行为。违纪行为指的是发生在课堂中的学生干扰教师授课和其他学生学习的行为，违纪行为一直以来都是教育工作者十分关心的问题。学生是多种多样的，周围因素的影响也是各异的。因此，在学生走进校园后，很可能会发生各种违纪行为，这些行为会对课堂教学产生很大的破坏，一方面阻碍教学工作的开展，一方面影响了学生的个体发展。因此，当学生出现违纪行为时，教师应通过恰当有效的课堂管理约束和控制学生的行为。

③它能够为学生的学习创造良好的环境，营造明确的组织和秩序，有利于降低学生的焦虑，从而激发他们强烈的学习欲望，大大提升学生学习和教师教学的效率。

（二）课堂教学组织与管理的基本原则

课堂教学组织与管理的基本原则如图 1-7 所示。

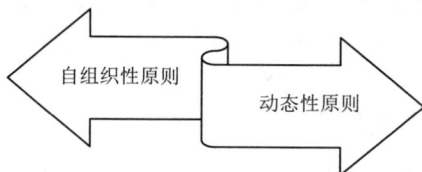

图 1-7　课堂教学组织与管理的基本原则

1.自组织性原则

只要能够维护好课堂环境，使课堂中的沟通十分顺畅，那么课堂就能够完成较为完善的自组织。课堂是寻求新事物与新信息的环境，课堂总会发生有创造性的对话，有创新性的实践，这是一种自然而然的发展过程。但有些教师会按照自己的主观臆断为课堂套上一个框架，这种人为框架并不能很好地与课堂相适应，教师就会加上更多的限制希望课堂能够符合这些框架。久而久之，就形成了单方面专断性控制的课堂。这种情况下，教师并没有对课堂实行真正有效的管理。因为，课堂作为一个组织系统，无法被强制管理，只能被积极构建并得到健康发展。通过完善课堂的内部结构，教师可以发挥出积极的引导作用，帮助学生了解自身的行为，解释课堂上发生的事件，从而进行自我总结和自我反思，懂得责任感与自律性，真正实现课堂的自组织。

2. 动态性原则

课堂是动态的，是不断变化的。因此，在课堂教学组织与管理上必须以动态性为原则，用发展的眼光管理课堂，对待课堂中的一些问题，都要以动态的原则去考察。一切存在都是变化的过程，现状虽然与过去有着千丝万缕的联系，对未来也有着一定的影响，但现状就是现状，它最主要的还是对现在情况的反映，不能完全准确地说明未来的状态。课堂环境与课堂成员都在不断变化，影响课堂的一切因素也在变化，因此，对于课堂中出现的问题、矛盾等都要从发展的角度去看待，要理性认识课堂的发展及遇到的挫折，还要坚信学生能够在课堂中获得全面发展。在目标的指引下，在原则的约束下，课堂中的一切问题皆在动态审视中。由此，有效的课堂管理一定可以实现。

（三）课堂教学组织与管理的影响因素

1. 客观因素

（1）班级规模

班级规模也就是学生的数量多少，这决定了教师所采取的管理方式。适当的班级规模对于教师进行课堂管理十分有利，能够帮助教师和学生圆满完成教学和学习任务。

（2）课堂环境

课堂环境包括物质设施和空间位置。安静优雅的课堂环境一方面能够帮助学生更好地学习，另一方面也能够帮助教师进行课堂管理。如今，人们会参考一些科研成果对教室的色彩、布置等进行设计，这对教师搞好课堂管理和学生高效学习有着一定的帮助作用。

（3）班风

中学生十分容易受到定势的影响。因此，好的班级风气能够帮助学生形成好的习惯，而班级风气是否积极则直接影响着课堂管理的效果。好的班风不是一朝一夕形成的，它需要班集体中的所有学生长期保持良好的学习态度和自觉性。可以说，好的班风是整个集体努力奋斗的结果。我们应充分利用良好班风的作用，引导学生参与到课堂管理中，发挥群体力量管理课堂活动。

2. 主观因素

（1）教师与学生之间的情感关系

融洽的师生关系对课堂管理具有很大的正面作用，是课堂顺利进行的重要因素；反之，有隔阂甚至对立的师生关系会对课堂管理造成严重阻碍。在课堂中偶尔会发生一些看起来较为突发的事件，究其原因，这是学生与教师对立的心理状态的爆发。如果学生在内心深处认可教师，对教师具有肯定的情感，那么他们一定会自觉遵守各种规范，并借此更加努力维护师生间的友好情感。

（2）教师的个人素养

教师所具备的良好的知识素养和人格魅力是教师权威的基础，十分有利于教师进行课堂管理。因此，教师有必要提高个人素养，做到为人师表，尤其要注意第一印象。教师为学生讲的第一堂课一定要设计好，让学生产生良好的第一印象并在以后的教学中维护好这一印象。如果第一印象较差，那么就会对以后的课堂管理造成阻碍，难以树立威信，而威信是课堂管理事半功倍的重要前提。

（3）教师的管理方法与智慧

合理的方法是课堂管理行为能够有效的重要保障。课堂管理方法不是一成不变的，也没有固定的标准和要求，教师应根据学生的具体特点和课堂的实际情况选择合理的方法。教师要具有教育机智，懂得充分运用自己的思想与智慧，恰当地处理课堂上发生的一切事件。

（四）课堂教学组织与管理的纪律要求

1. 课堂纪律的类型

（1）课堂规矩

课堂规矩是最为具体的课堂纪律，它通常是教师个人在自己的教育教学或课堂管理活动中制定或采用的各种带有强烈特色的"规矩"，这些"规矩"也叫"课堂常规"。这些"规矩"可能是教师强加于学生的，也可能是教师与学生共同协商而制定的。例如，回答问题的规矩、作业的规矩、听课的规矩等。有时候课堂仪式也成为课堂规矩的一部分。

（2）学生的法律义务

义务是法律要求公民或社会组织在各项社会活动中应当履行或承担的职责。作为一个特定的受教育者，学生在课堂中的行为也受到了教育法律明确的要求。这些教育法律上的义务也是课堂纪律的一个重要内容。而且正是这些教育法律上的义务，使得教师在课堂教学中提出既适合特定学科又适合稳定教师的课堂规矩成为可能。

2. 课堂纪律的模式

（1）合作型课堂纪律

学生在课堂里的所有行为甚至是违纪行为，都是学生尝试满足某种需要的结果。通过关注这些需要以及给予更多的鼓励，教师能够减少违纪行为，建立起教师与学生互相合作的合作型课堂。

①学生课堂违纪行为发生的原因。大多数情况下，是因为学生的普遍的心理需要——归属感没有得到满足。学生实施违纪行为只是为了满足某种心理需要。当学生的正当行为没有给他们带来心理需要的满足时，他们就会通过实施违纪行为来达到这一目标。

②预防课堂违纪行为的基本原则。合作型课堂纪律的基本思想主要体现在艾伯特的三个原则上——帮助学生认识自己的能力，与他人交流以及对班集体做出贡献。

第一，能力原则。在学校获得成功的重要因素之一就是学生的"我能"的水平。"我能"的水平是指学生认为自己能够完成学校所给的任务的程度。为了避免学生在课堂上发生违纪行为，教师应当做的是让学生增强对自己能力的信心。艾伯特的建议是：允许学生犯错误，而不应该使学生害怕犯错误；通过把学习看作一个不断改进的过程来帮助学生建立自信；突出学生以往已经取得的成功经验，并让学生明白这样一个道理，成功是相信自己的能力并为之付出努力；使学习切实可行，并表扬学生取得的成绩。只有当学习切实可行时，学生才会取得成绩；当学生取得成绩时，教师的表扬才能增强学生的能力。

第二，交流原则。在预防课堂违纪行为时，学生之间的交流是非常重要的。交流意味着师生之间及同学之间建立并保持着积极的关系。有效的交流需要做到：接受、关注、欣赏、肯定和喜爱。接受指通过相互交流展现学生个性化的内容，关注是指给予学生足够的有意识的注意，欣赏指教师对学生的成就感到骄傲并对他们的行为感到欣慰，肯定是教师对学生的优秀品质做出积极的评论，喜爱是指对学生表现出善意和关心。

第三，贡献原则。被人需要是一种快乐，也是一种幸福，而使学生感到被人需要的最佳途径之一就是他们能够做出的贡献，即鼓励学生为班级、学校、他人、社会做出贡献。学生所做的贡献使得其他学生感觉到他的重要性，从而激发学生以合乎规范的行为出现在课堂教学的集体情境中。

（2）非强迫型课堂纪律

非强迫型课堂纪律的倡导者是美国的心理治疗学家兼教育顾问威廉·格拉瑟。格拉瑟著有《没有失败的学校》《选择理论》等。格拉瑟认为，非强迫型课堂纪律可以从以下两方面进行分析。

①对学生违纪行为的解释。学生是理性的，他们可以控制自己的行为，学生可以按照自己的行为方式作出选择。违纪行为仅仅是学生错误的行为选择，而正确的行为就是正确的行为选择。课堂管理的重点不是如何纠正违纪行为，而是如何通过优质教育，使学生自愿专心于课堂教学而不会发生违纪行为。在格拉瑟看来，所有的行为都是为了满足生存、归属感、权力、乐趣和自由等五种需要的最佳尝试。除了生存之外，学校与所有事情都密切相关。当学生对学校感到厌烦或沮丧时，学生就会做出大量违纪行为，至少有一半的学生不会努力学习；当基本需要得到满足而且不感到沮丧时，学生就会觉得快乐，相对而言违纪行为较少。教师在课堂上所要做的一切就是提供教学支持和其他条件来满足学生的基本需要。强迫只能迫使学生暂时服从，却不能使学生养成良好的行为。教师有能力、有义务帮助学生做出正确的行为选择，那就是学校及教师必须创造优良的条件，使学生在学习过程中不感到沮丧，并从中产生归属感，体会到某种权力，感受学习的乐趣。强迫学生选择违反自己意愿的行为是徒劳无益的。例如，当某位学生因为课堂很沉闷而注意力不集中时，强迫学生集中注意力必将是一场以失败而告终的战斗；当课堂很有趣时，学生自然就会集中注意力，而无须教师用甜言蜜语来劝诱学生。因此，课堂管理不是如何纠正违纪行为的策略问题，而是如何使学生专注于课堂教学而不发生违纪行为的策略问题。

②非强迫型课堂纪律的基本原则。

第一，需要满足原则。提升学生对学校的满意度，能够提高学生的学习动力和效果。学生对学校的满意度取决于学校对学生需要的满足。学生的需要有：生存（衣、食、免于伤害等），这种需要的满足与学校相关度较低；归属感（安全、舒适、地位、他人的体谅），当学生参与班级事务、得到教师和其他人的关注、参加课堂问题的讨论时，学生就会产生归属感；权力（对事物或事情进程的控制力），它可以从学生担任某种班级职务的责任中得到，也可以从参与班级的某种决策中获得；乐趣（情感和精神上的愉悦），当学生能与他人一起学习和交谈，能参加有趣的活动，或者互相分享成就时，就会获得乐趣；自由（选择、自我指导、责任），当教师允许学生就学习的内容、如何学习以及如何展示自己的成就做出决定时，学生就会感到自由。不考虑这些需要的教育一定会失败。班集体中的合作学习和小组学习，有助于满足学生的这些基本需要。

第二，教学引导原则。满足学生的基本需要，需要改变教师的课堂教学风格。非强迫型课堂纪律要求教师从指挥型教师转变为引导型教师。指挥型教师的特点：支配课堂教学的所有程序，命令或强迫学生努力学习，当学生的学习不能令人满意时，教师通常采取某种手段惩罚学生。指挥型教师通常是这样展开课堂教学：制定学生学习的任务和标准；谈论而不是证明，很少征求学生的意见；给作业评分，而不让学生参与评价；当学生出现违纪行为时，便使用强迫手段。引导型教师的特点：提供激励性的学习环境，鼓励学生，尽量帮助学生，并对学生表示出友好的态度，不采取责骂、强迫和惩罚等管理手段。引导型教师的课堂行为表现：和全班同学讨论课程，明确一些有趣的专题；鼓励学生确定自己想深入探究的专题；和学生一起讨论作业问题，并征求学生对作业评价的意见；使学生明白，只要给他们提供良好的工具和良好的工作环境，任何事情都能够做到；强调学生不断地仔细检查和根据一定要求来评价自己作业的重要性。在倡导成为一名引导型教师时，格拉瑟提醒教师要和学生一道共同建立课堂的行为标准。然而，这并不意味着当学生违反课堂规则时，教师的干预是惩罚性的；相反，他强调教师干预的非惩罚性，目的是制止违纪行为，并使学生的注意力重新回到课堂中来。为此，教师要定期召开班会，讨论课程、程序、行为和其他教育专题。班会的概念及实践应当是课程的常规部分。

第三，优质教学原则。通过优质教学预防课堂违纪行为是格拉瑟非强迫型课堂纪律最核心的要求。优质教学意味着优质学习，意味着教师独特的教学风格。为此教师需要做到：营造温暖和充满关怀的课堂氛围，要求学生进行有效的学习，不断要求学生尽最大努力，要求学生评估业已完成的作业并做出改进，帮助学生明白优质学习将会使他们产生满足感而同时不会对他人造成伤害。如果每所学校和每个班级都坚持优质的概念，那么学生的纪律问题就不会太多而且解决起来也比较容易。

（3）保持尊严型课堂纪律

当学生在课堂以及学校中个人的尊严受到威胁并感到无望时，他们就会违纪，因此建立课堂纪律的最有效方法就是保持学生的尊严和希望，学生的尊严是课堂纪律的基石。

①对学生违纪行为的解释。学生的违纪行为可以分为恶性的违纪行为（处于失败的危险之中）和良性的违纪行为（不会使学生处于失败的危险之中）。恶性的违纪行为主要是学生为了表现出自己对教师的某种控制力，如违背教师的正当学业要求、不参加班级活动、不断表现出敌视行为、不努力学习等。课堂纪律主要是针对这类行为而确立的。发生这类行为的学生具有下列典型特征：接受过学校的惩罚、与学校相关的自我概念水平低、在学业上没有取得成功的希望、与类似的学生交往密切并使这些行为得到强化。这类学生虽然不多，但在各类学校中都不是个别现象。当这些学生聚在一起时，他们就会引发学校和课堂的更大的混乱。

②保持尊严型课堂纪律的基本原则。传统的纪律方法对于处于危险境地的学生是没有用的。责备、留校、罚抄课文、打电话叫家长、写保证书、通报批评、纪律处分等做法，对这些学生来说是没有长期的成效的。然而，这并不意味着学生的违纪行为是不可逆转的。尽管处理恶性的违纪问题非常困难，但只要改变传统的纪律方法的思路，遵循不同于传统的纪律方法的原则，学生的违纪行为问题是可以解决的。

保持尊严型课堂纪律的基本原则的指导思想有两个，即保证学生的尊严和唤起学生的希望。尊严指对生活的尊重以及对个人的尊重。那些长期违纪的学生总是将自己看作失败者（这种自我概念的形成与教师的课堂教学及评价密切相关），于是不再以学校和教师所认可的方式与途径来获得他人的认同。因此，违纪行为可解释为学生为了自己的尊严而实施的防御行为。学生的尊严是课堂纪律的基石。希望是一种信念，即相信未来的事情对我们而言更加美好，激励我们并帮助我们过一种有意义的生活，给予我们鼓励和克服困难的动机。人失去了希望也就失去了努力的动力。在学校及课堂中，教师有能力帮助学生重获希望。当学生有了希望，其行为就会改进。基于此，保持尊严型课堂纪律应当遵循下列原则。

第一，处理原则。处理原则是指教师面对学生的违纪行为时必须以一种积极的方式来帮助学生，使那些与课堂纪律要求不相符合的行为尽可能地减少。处理学生的违纪行为是教学的重要组成部分。教师应当意识到，处理违纪行为是培养学生责任感的最好机会，也是教师职业的职责之一。放弃对学生违纪行为的处理或者只是将有违纪行为的学生交给班主任去处理是不负责任的表现。处理违纪行为不只是对一个违纪事件的处理，更是对学生的帮助。每一个学生都需要教师的帮助。

第二，尊严原则。尊严原则是指教师在处理学生的违纪行为时要保护学生的尊严。尊严是健康生活的基本需要。保护学生的尊严就是把学生作为个体来尊重，关注学生的需求并理解学生的观点。任何某种程度的违纪行为都会导致教师的某种反应。当教师对学生的违纪行为作出反应时，尊重学生是前提。

第三，动机原则。动机原则是指教师在维护课堂纪律时不应该降低学生的学习动机。任何纪律，只要它降低了学生的学习动机，都将是失败的纪律。不能因为一部分学生的有效学习而降低另一部分学生的学习动机。专心上课的学生通常较少有纪律问题，学生行为表现不好常常是因为失去了学习的动力。不管如何处理何种违纪行为，教师都要考虑这样做是否会对学生的学习动机产生影响。

第四，责任原则。责任原则是指教师在处理学生的违纪行为时，应当着眼于培养学生的责任感而不是着眼于学生的顺从。顺从是要求学生按照教师的要求去做，而责任感则是在可能的范围内自己做出的某种选择和决定。对大多数的违纪行为的处理，顺从仅仅是一种短期的解决方案。长期的解决方案则是让学生做出选择，来培养他们的责任感，重要的是要为学生提供选择的机会。

三、课外活动的组织与管理

（一）群众性活动

群众性活动是一种普遍的活动形式，这种形式可以同时吸收大批学生参加。小型的可按班或小组组织，也可以按组际、班际、校际的形式来组织开展。参加活动的具体人数则根据活动的目的、内容而定。具体的活动形式有以下七种（图1-8）。

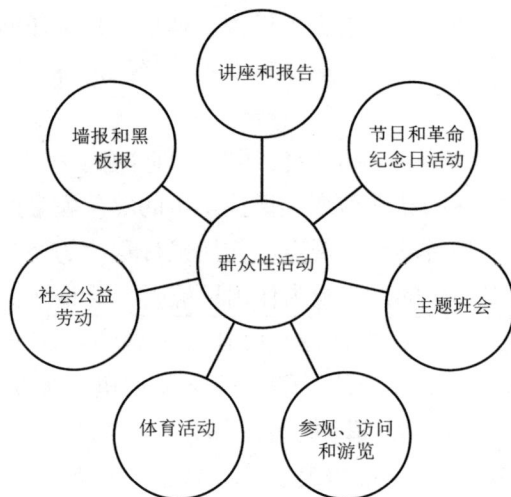

图 1-8　群众性活动

1. 讲座和报告

这是时事政治教育和科学普及教育常用的方式，如时事政治报告、文化科学讲座等。主讲人可由教师、辅导员担任，也可请校外专家、学者、科技人员、英雄模范人物、革命前辈乃至同年级学生担任。报告和讲座的目的要明确，内容要正确、生动、具有针对性，时间不宜过长，事先的准备工作不要影响学生的正课学习，不给学生增加过重的负担。

2. 节日和革命纪念日活动

在重要的节日和革命纪念日，如新年、清明节、劳动节、建军节、国庆节等，可采用庆祝会、纪念会、联欢会、晚会、游园会、展览会等方式开展活动。这项活动既要注意思想性，又要力求丰富多彩，生动活泼。要把活动的准备过程当作教育过程来组织，并把这种节日、纪念日活动保持下来。

3. 主题班会

主题班会的内容是多种多样的，如组织各种文艺活动，包括影视评论会、诗歌朗诵会、音乐欣赏会、音乐舞蹈晚会；各种类型的学科活动，包括某门学科的报告会，专题讨论会，历史事件、历史人物的纪念会，历史故事会以及各种学科竞赛、智力竞赛、科技表演等。这种主题班会可请相关教师、辅导员或校外有关的专门研究人士及有专长的家长参加、指导。准备期间可开展"宣传周""活动周"活动。

4. 参观、访问和游览

参观、访问和游览既是使学生获得直接经验的教学方法，也是组织课外和校外活动的一种形式和方法，如参观革命圣地、工厂、农村、博物馆、纪念馆，访问革命前辈、英雄模范人物、科学家、艺术家以及游览名胜古迹等。通过参观、访问和游览，学生可以接触社会和自然，开阔眼界，愉悦身心，培养热爱祖国的美好感情，激发建设祖国、振兴中华的雄心壮志，同时可以采集植物、动物、矿物标本，进行野外写生、写游记，创作诗歌，收集乡土资料，考察山川地形等。这些都有利于学生德、智、体、美、劳的发展。开展这些活动要有明确的目的、严密的组织、周详的准备，事后要有总结，一切资料要及时加以整理，并可通过举办展览会等方式，反映和巩固活动的收获。

5. 体育活动

体育活动应普及到每一个学生。学校教师、学生家长和社会教育机关等都应重视、支持和帮助学生开展体育活动，并保证每个学生每天至少有一小时的体育活动时间。要组织学生开展各种球赛、长跑等群众性体育活动。要把普及和提高结合起来，在普及的基础上，把成绩优秀者组成专项运动小组，进行专门训练和培养，以便把具有前途的青少年学生培养成运动员。在群众性体育活动中，要注意根据学生的体质、性别、年龄等情况提出不同的要求，循序渐进、持之以恒地进行全面适宜的锻炼，并要广泛宣传各种体育活动中的卫生知识和安全保护知识，这样才能真正达到锻炼身体、增强体质的目的。

6. 社会公益劳动

让学生适当参加社会公益劳动，是教育与生产劳动相结合的一种形式，也是一种重要的课外教育活动。这种劳动有校内的，也有校外的；有服务性劳动，也有农业生产劳动。组织学生参加社会公益劳动必须服从教育目的，坚持以教学为主的原则。要重视劳动中的思想教育和劳动知识技能的教育。选择的劳动项目要因地、因时制宜，适合学生的年龄特点和个性特点。学校对学生的劳动成绩应有正确的评定记载，并及时表扬劳动中的好人好事。

7. 墙报和黑板报

墙报和黑板报是学校的一个重要宣传工具，也是学生练习写作，汇报课内、课外活动的园地。教师和辅导员要组织学生对它加以运用，鼓励他们自办、自写、自编。墙报和黑板报有班级性的，也有全校性的。内容要短小精悍，符合当前教育和教学的要求。形式要多样化，富于知识性和趣味性，能吸引读者，文字和图画要适合学生的理解力。

（二）课外活动小组

课外活动小组是课外和校外活动的基本组织形式，这种形式是建立在学生对活动的兴趣、爱好和要求的基础上的。小组的建立，应事先做好准备工作。要在学校和校外教育机关的领导下，由教师或辅导员具体负责，按学生不同的兴趣爱好组织各种小组。小组人数根据参加者的年龄、活动的性质和内容而定，少则四五人，多则一二十人。小组人数一般不宜过多，人数过多，既不便活动，也不便指导。小组可以跨班、跨年级，人数多的可以按班组织。小组辅导员可由教师担任或聘请科学家、技术人员及有这方面专长的家长。小组活动次数不宜过多，每次活动时间也不宜过长，以免使学生负担过重。各小组都必须制订出明确的目的任务、工作方向和具体的活动日期、地点和内容，并要有一定的组织制度和组织纪律，以使活动的进行井然有序。小组活动要定期进行总结和考核。考核的方式：日志，把小组活动的各项作业和措施记录下来；收集保存组员工作成绩，如组员写的报告、制作的图样、模型、图画等；工作总结；小组成绩展览、表演；等等。各小组每次活动之后应适当做总结。全学期要有总结，以便肯定成绩，找出问题，吸取经验教训，不断改进。课外活动小组主要有以下几种（图1-9）。

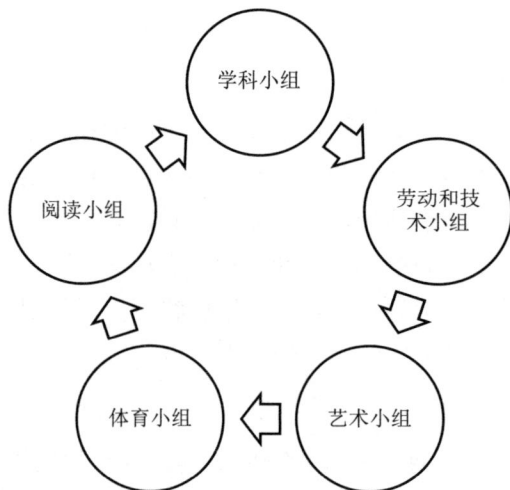

图 1-9　课外活动小组

1. 学科小组

学科小组是按学科分类，开展活动的小组。小组活动内容是与课堂教学紧密联系的，是以课堂上讲授、学习的各门功课的知识为基础的，但不限于教学大纲和教科书的范围，可以适当扩大和加深各学科的有关知识内容。有条件的可组织各门学科小组，活动的内容可以多种多样。各学科小组可请有关专家、学者、教师作报告、讲演，或收听有关的广播，阅读本学科的科学书籍，举行读书报告，进行与本学科有关的参观、访问、观察、实验、试验活动。在进行认识性作业的同时，可以搞一些实践性作业，如制作一些简单的教具、模型、标本、地图、幻灯片等。

2. 劳动和技术小组

劳动和技术小组是利用课余时间，组织学生进行各种有关劳动和技术的实际作业的小组，如操作、使用车床、简单的机器，拆卸和安装各种简单机械，设计、制作各种模型、简单仪器和劳动工具，进行农作物和花木的栽培技术训练，以及饲养家禽、家畜等。

3. 艺术小组

艺术小组是把在艺术上有一定兴趣爱好和能力的学生集合在一起，对他们进行艺术教育活动的小组。全校性的艺术小组有合唱队、舞蹈小组、乐器小组、戏剧小组、美术创作小组等。艺术小组活动是美育和德育的重要组成部分，对丰富学生的精神生活，活跃学校气氛具有重要作用。

4. 体育小组

体育小组是按照各个运动项目分门别类地进行组织和活动的，以满足各个学生不同的兴趣和爱好。小组活动的内容力求新鲜合理，适合组员并能促进他们进一步提高。

5. 阅读小组

阅读小组是一种在教师或辅导员的指导下，根据各个学生的兴趣和才能，组织学生个人进行个别活动的形式。个别活动的主要内容有学生独立钻研某种科学技术，独立阅读某类报刊书籍，写读书心得、写某些文艺作品，独立进行小型科学实验，调查、采集和收集各种标本，制作模型，参加跑步、游泳、滑冰等体育活动，以及唱歌、独奏、绘画和摄影等。阅读课外书籍是个别活动中的一项重要内容，它是对学生进行教育，培养学生爱科学、爱知识的思想以及自学的能力和习惯的有力手段。要特别重视培养青少年学生的课外阅读习惯，并给予指导。此外，如发现在某些方面有特殊才能的学生，应加以专门指导和培养。

总而言之，个别活动可以使学生的个人生活丰富多彩，充实愉快，并培养他们安排自己生活的能力，扩大知识面，学会自己教育自己，提高自学能力和独立从事艺术创作、进行体育锻炼的能力。这些独立学习、工作、研究能力和习惯的培养，对于学生日后走向社会具有十分重大的意义。

（三）个人活动

个人活动是在学校课外活动中个人独立进行的活动。课外活动中的个人活动往往与小组活动或群众性活动紧密结合，是小组活动或群众性活动的组成部分。个人活动对培养学生的自学能力、独立工作能力和独立研究能力具有十分重要的意义。个人活动主要有以下两种。

1. 课外阅读

课外阅读是学生在课余时间，根据自己的兴趣爱好或某一方面的需要所进行的一种完全自觉的读书活动。课外阅读可以扩大学生的知识视野，使学生及时接触和吸收新鲜知识；课外阅读能够培养学生的自学能力和思维能力；课外阅读还是课堂教学的营养线。因此，课外阅读是学生不可缺少的智力活动。

2. 小实验

个人活动中的小实验是学生为了验证某个科学真理或根据某种科学规律检验自己某种假设或某种设计而独立进行的实际操作。小实验极有利于培养学生的实际操作能力、思维能力和创造能力，培养学生求实的科学态度和锲而不舍的精神，它是学生最感兴趣的课外活动之一。

除了课外阅读和小实验之外，一些小制作、独立练习、个人创作、个人调查访问等都是学校课外活动中的个人活动形式。

第二章　初中教学与德育途径

第一节　初中教学原则与方法

一、初中教学原则

"教学原则是根据一定的教学目的和任务，遵循对教学本质的认识而制定的教学基本要求，是指导教学活动的一般原理。"[①]规律是客观的、第一性的，是不以人们的意志为转移的，人们只能发现它，遵循它，不能改变它，规律具有稳定性。教学原则是主观的、第二性的，是依据教学规律制定的。教学原则不是一成不变的，由于各个历史时期教育目的、要求、性质的不同，以及随着教育科学的发展，人们对教学规律认识的不断深化，教学实践的不断发展，教学原则也是变化发展的。

（一）直观性原则

通常来讲，直接经验主要可通过以下三个途径获得。

①实物直观，即以实物为媒介，让学生直接感受实物对象。其主要优势在于真实有效，但也容易受限于实际条件，从而具有一定的使用难度。

②模像直观，即以电视、电影、录像、录音、幻灯片、模型、图表和图片等形式来模拟实物。通过模拟，实物直观的缺憾可以得到有效弥补，特别是随着现代技术与教育领域融合度的逐渐提升，模像直观的范围得到了进一步扩大，无论是分子结构，还是宇宙天体，都可以在特定技术下，以更直观的形象呈现出来。

---

① 朱家存，李福华. 中学教育基础 [M]. 芜湖：安徽师范大学出版社，2016.

③语言直观，即教师运用自己的语言、调动学生已有的知识经验来比喻与描述，从而激起学生的感性认识，以保障直观效果。相较于前两种方法，语言直观对时间、空间和物质条件的束缚进行了最大限度突破，因而具有便利性极高、经济性最好的优势。

将直观性教学原则运用到教学中，需要教师满足以下三个基本条件：首先，对直观手段进行恰当的选择。不同的学科有不同的教学任务，而不同年龄阶段的学生，也需要在直观手段的选择上有所区分。其次，明确一点，直观只是实现目的的重要手段。直观手段通常用于学生对所学内容不熟悉，或者存在一定的理解和掌握难度时，因而要避免为了直观而直观。最后，基于直观来实现提高学生认识的目的。学生所获得的直观感受往往是一种感性经验，但让学生掌握理论知识才是教学的根本任务。所以，在运用直观性原则时，教师应当特别强调指导，如以提问和解释的形式对学生细致入微的观察进行鼓励，从而使学生对主、次、轻、重进行正确区分并得到有效启发，使学生能够对现象、本质、起因和结果等进行思考和探究。

（二）启发性原则

启发性原则指的是在教学过程中，教师要对学生的学习积极性进行充分调动，从而使其能够保持生动活泼的学习状态，并在不断思考的过程中将知识融会贯通，培养学生分析问题和解决问题的能力。

将启发性原则运用到教学中，需要教师做到以下三点。

①以教师主导作用的发挥为基础，确保启发性教学过程的组织效率。比如，为了进一步明确教学的重难点和关键点，教师需要在备课阶段对教材进行深入研究；为了对学生进行有效的启发，需要着重凸显教学重难点的突破。

②对学生的学习主动性、思维活跃性进行充分调动。教师的启发应当能在学生活泼紧张的智力活动中发挥重要作用，只有这样，才能加深学生对知识的理解，丰富学生多方面的体验。所以，在教师启发作用发挥方面，应当选择那些具有一定难度、需要学生进行比较复杂的思维活动的问题，同时要确保这些问题能够使学生在主动探究的过程中获得基本正确的结果。记忆性知识和简单事实能够有效"启发"出结果，并且这种作用的发挥十分有效。

③以平等教学精神为指导，促进和谐平等师生关系的建立，从而营造融洽团结的课堂教学氛围。若想真正调动学生的学习自觉性，则首先需要让学生形成一种直观认知，即从人格层面来讲，教师和学生之间是完全平等的关系。

（三）巩固性原则

所谓巩固性原则，指的是教学的主要目的除了要引导学生更深刻地理解和更牢固地掌握知识与技能之外，还应当将这些知识和技能逐渐内化为学生的个人能力，以便在特定情况下能够合理有效地运用这些知识。巩固工作在教学中始终存在，学生对所学知识的牢固掌握需要建立在反复练习和复习的基础上。

将巩固性原则运用到完整的教学中，需要教师做到以下三点。

①基于理解来开展巩固工作。知识巩固的前提是学生能够正确理解和掌握相关知识，倘若无法满足这一点，那么知识的巩固便失去了存在的意义。简单来讲就是，若想取得良好的巩固效果，首先需要让学生学会。

②进一步凸显巩固的科学性。根据心理学的相关理论所揭示的与记忆和遗忘有关的规律来安排巩固工作，可以使巩固的效率得到大大提升。

③采用多样化、具体化的巩固方式。即在以往书面作业的基础上，以更加丰富和多元的方式（如实践、制作和调查等）来促进学生对所学知识的巩固，从而提高学生应用所学理论知识来解决现实问题的能力，以及实现学生全面成长和个性发展的目标。

二、初中教学方法

初中教学方法如图 2-1 所示。

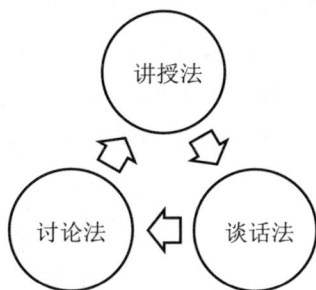

图 2-1　初中教学方法

（一）讲授法

作为一种以"传递—接受"为主要模式的教学方法，讲授法的主要媒介是语言（口头语言和黑板语汇），其主要目的集中表现为对系统知识的传授，而其实现主要依赖于讲述、讲解、讲演、讲读四种方式。在对每一个概念进行逐字逐句分析和讲解的过程中，教师应当尽量避免让学生死记硬背，而是引导学生对"要点"内容进行熟练且牢固的掌握，从而加深对概念本质含义的理解和记忆。作为一种具有悠久历史、广泛使用范围和良好应用效果的教学方法，讲授法具有明显优势，一方面提升了教学内容的思想性、系统性和科学性，另一方面大大提高了学生对大量系统知识的获取效率，但是该方法本质上来讲是一种"传递—接受"的单向模式，因而会极大地限制学生主观能动性的发挥，更不利于学生自主参与意识的培养。

将讲授法应用到教学中时，尤其要注意以下四点。

①使教学内容的思想性和科学性得到有效保障，也就是说，教师必须认真做好备课和教学工作，讲授正确的观点、事实、原理和概念。

②以重点明确、条分缕析为教学的核心原则。倘若无法做到逻辑清晰地讲授，就会加剧学生的学习负担和理解难度。

③应用艺术化的教学语言。讲授法在教学活动中的应用效果直接取决于教师的语言水平，所以，教师对自身语言修养的不断提升十分重要。一方面，语言艺术集中表现为语言的精练、准确和清晰，既要保证逻辑的严谨性，又要保证内容的清晰；另一方面，语言艺术的最高魅力在于富有感染力和生动形象，这一点无疑是激发学生学习积极性和能动性的重要保障。除此之外，还要注重讲话的抑扬顿挫、语音的高低变化和语速的快慢调整。

④综合运用多样化的教学方法。学生能够将注意力长时间集中在一件事上的概率很低。这也就意味着，单纯依靠讲授法来实现良好的教学效果存在一定的难度。因而，教师就需要在讲授法的基础上，综合运用多种教学方法和手段，从而有效改善学生在长时间听课过程中所呈现出的注意力分散和精神疲劳的问题。

（二）谈话法

作为一种以问答、对话等双向交流模式为主要特征的教学方法，谈话法的目的在于对新知识进行学习、对旧知识进行巩固或对已有经验的检验。其具体教学方式主要有以下四种。

①启发式谈话：基于学生已有的知识，使学生探索新知的欲望得以激发的教学方法。

②引导式谈话：针对教师提出的问题，引导学生主动思考，使其运用自身的知识和经验来解决教师提出的问题。

③巩固性谈话：以对学生对已有知识是否掌握进行检验为目的，由教师提出问题，并实现对旧知识进行复习和巩固的测试目标。

④总结式谈话：在教师引导下，学生自主进行思考，并围绕所学的内容，运用一种容易理解的语言进行归纳和概括的教学方式。

谈话法最大的优势在于，能够充分发挥教师和学生的积极性和自主性，同时集中学生的注意力，提高学生的学习兴趣、思维能力、表达能力及知识运用能力。

将谈话法应用到教学中时，尤其要注意以下两点。

①以全体学生为谈话的主要对象。尽管教师和个别学生之间是谈话开展的主要人物情境，但通过教师的努力，还是可以吸引全体学生参与其中。因此，在确定谈话内容时，教师要选择那些符合全体学生兴趣取向的，同时普遍适用于教学活动的问题。此外，在谈话对象的选择上，要凸显代表性的基本原则，如可以从不同的学生层次中进行选择。在谈话的过程中，教师应当适当增加相应的解释和说明，以补充相应的内容。

②结束谈话后，进行总结。学生在谈话过程中收获的知识，往往并不能准确和精准地表达出来，这就需要教师以规范化和科学性的表达来概括和总结学生在谈话过程中的知识收获，从而真正实现其巩固所学知识的目标。

（三）讨论法

基于教师的指导和教师提出的问题，学生以小组或班级为单位，合作探究、相互启发、自主表达并进行意见整合，以促进问题的进一步清晰和有效解决的教学方法，即小组讨论法和班集体讨论法。从长远的角度来讲，这种方法能够对学生的学习自主性得到有效激发，促进良好教学氛围的营造，并带动学生积极思维能力和口头表达能力的双重培养和提高。将讨论法与课堂教学有机融合，应当注意以下问题。

①选好讨论内容。一方面，讨论内容要具备一定的讨论价值，通常来讲，教学内容中那些极为重要的概念、原理和事实等，都可作为讨论的主要内容；另一方面，讨论内容要具备一定的难度，倘若讨论内容过于简单，就很难使学生的讨论热情得到有效激发和充分调动，倘若讨论内容过于复杂，就会影响学生的讨论积极性和主动性。

②对学生各种意见的价值予以肯定。任何意见对于未知的东西都具有重要价值。学生的理解与思考，总是以学生自己的逻辑为出发点，所以，尽管会出现很多与正确答案相悖的意见，但这些意见也是对学生想法的最真实反映。

③善于引导。在学生讨论的过程中，教师应当做好全面巡视和有效倾听，要对讨论中所反映出的问题进行及时捕捉。同时，要适当对学生进行点拨，以帮助学生妥善解决讨论过程中遇到的问题和障碍，并及时提醒学生，以确保学生的讨论能够始终围绕主题展开。当讨论结束时，还要就讨论结论和答案进行总结整理等。在应用讨论法的过程中，这些注意事项十分重要。

第二节　初中教学过程与评价

一、初中教学过程

师生教与学的共同活动，是使学生掌握系统的文化科学基础知识、基本技能，提高身体素质、心理素质、社会文化素质的复杂的、多方面统一的教育过程。

（一）初中教学过程的特征

1. 间接性特征

在教学中，以最短时间内的最高效率来获取人类间接经验，即为"间接性"。需要说明的是，直接经验的获得对于教学过程同样具有重要意义。尽管学生学习的是人类早已知晓的领域，但从学生的角度来讲，这仍是一个值得探索的新领域，而教学过程就是要基于直接经验的获得来培养和发展学生的科学精神。因此，具备丰富教学经验的教师往往会将教学过程的本质定义为问题的发现、思考和解决的过程，从而让学生在"亲历"发现、发明、创造的过程中，获得独立性、创新性和多元化学习的能力。基于此，我国初中课堂教学应当特别重视"探究—发现"教学模式的应用。

2. 指导性特征

教学过程中的指导性特征是对教学过程中教师地位和作用的体现和总结。尽管我们现在对学生表现出了极大的关注度，同时越来越重视学生的主体地位，但这并不能否定教师在教学过程中重要的指导性作用，相反地，应当对教师教学活动设计者、组织者和引导者的角色予以高度重视，强调构建教师指导下的高效、优质课堂。

3. 巩固性特征

巩固性特征在教学过程中集中表现为以教学活动为媒介，使学生理解和牢固掌握所学知识，并逐渐将其转化为学生个人内在的长久记忆，以更好地指导学生对实际问题的解决。在尽可能短的时间内，让学生掌握尽可能多的信息、知识、技能、技巧，这集中体现了教学的主要任务之一。作为一种有组织、连续性的认识活动，教学活动具有难度大、节奏快、环节多、任务重、信息量大和时间长的重要特征，而这种特征恰恰是教学过程巩固性特征的决定性因素。建立在理解基础之上的及时性的知识巩固，既能够在学生牢固保持知识以及运用所学知识来形成熟练的技能、技巧方面发挥重要的促进作用，又能够推动学生对所学知识的进一步深化理解，从而夯实继续学习的基础，使学生思维能力的发展得到有效促进。

4. 发展性特征

教学过程中的发展性特征是基于心理学理论的一个重要原则，指的是多元化的发展功能是教学认识活动的重要属性。现代教学若想使学生实现最理想的发展效果，就应当确保教学效果的理想状态，这里所说的"发展"指的是涵盖学生的性格、意志、情感和智力等心理特征的全面和谐发展，也就是学生个性和身心的全面发展。

（二）初中教学过程的阶段

教学过程的阶段是根据教学过程中学生认识的规律而划分的。学生认识规律一般表现为组织学生感知知识、引导学生理解知识、组织学生巩固知识和指导学生运用知识这样一个序列（图 2-2）。

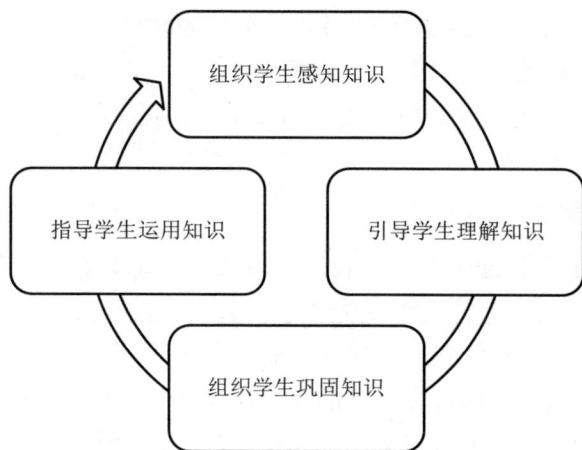

图 2-2　初中教学过程的阶段

1. 组织学生感知知识

组织学生感知知识，是指引导学生通过自己的各种感觉器官接触知识，在大脑中了解知识的表象，获得对知识的感性认识，如教师通过讲述、演讲、泛读、直观教具演示、实验、表演等刺激学生的感官，使学生形成对于这一课程具体、形象化的感受。组织学生感知知识（教材）是教学过程的重要阶段。第一个阶段的教学任务在于了解教材内容，发展学生的观察力、想象力、表达力、阅读能力，激起学生对学习内容的兴趣。这一阶段的教学任务能否完成需注意五个方面：充分利用教材中的感性材料；通过多种渠道组织学生感知教材；选择、展示典型材料；注意语言配合，展示时间、速度、程序；给学生展现个性的空间。

2. 引导学生理解知识

在学生理解知识方面进行引导，就是基于学生对知识的整体感知，引导学生认识事物表面现象，进而使学生能够透过表象来认识事物的本质和规律。引导学生理解知识的阶段，需要完成以下任务。

①基于学生感知到的知识，教师需要引导学生完成更为抽象的思维活动，进而分析、综合、抽象、概括所感知的知识，从而将其升华为一种概念、判断和推理，最终实现对教学内容的本质、认识规律进行感知，对原理进行掌握的效果。

②在此基础之上，使学生的抽象思维能力（如比较、分析、综合、概括、推理、判断等）得到有效培养和发展。从这个维度来讲，课堂教学的核心就在于基于对教材的理解来形成概念。

这一阶段的学生抽象思维能力尚不完善、尚处于发展中，教师要完成这个阶段的任务需注意六个方面。

①根据教材的重点、难点、关键点设计问题"链"。

②注意互动，及时提出、生成问题，促进学生思考，让学生成为学习的主人。

③把握好教学内容的"序"、学生认知发展序列；表达概念时语言要正确、准确、周严，不得产生歧义。

④推导原理、定律、法则时，句句相连、环环相扣、层层推进，具有逻辑性。

⑤注意在这一教学阶段有意识地培养学生比较、分析、综合、概括、推理、判断的抽象思维能力。

⑥将新概念纳入已有的知识系统，逐步加深理解。

3. 组织学生巩固知识

从知识的感知到理解、概念形成，从具象到抽象、从感性认识上升到理性认识，一个完整的教学过程主要包括两个阶段。对于学生而言，他们已经基本掌握了知识的第一次转化。但是，这个转化仅仅是起步阶段的转化，距离学生对新知识的掌握，以及将知识内化为学生个人的能力，并逐渐建立起个人的知识体系，使之成为思维的因子和工具，并促进学生记忆力的发展仍有一段过程。因此，要对这些知识进行及时、自觉地保持和巩固，从而使学生的头脑中形成对这些知识的记忆，使之成为一种容易准确再现的内容，进而奠定学生知识运用和综合能力形成的基础。知识的巩固要契合现代教学思想，这是因为学生的知识获取渠道主要为语言文字，而相较于实物，语言文字留下的印象通常并不深刻，只有及时巩固，才能避免知识的遗忘。从心理学的观点来看，这就是对所形成的新的暂时性神经联系进行及时重现，从而强化所形成的新的暂时性神经联系，最终实现长期保持的目的。

在组织学生巩固知识阶段，教学应注意六个方面。

①要突出重点、抓住知识的本质进行复习巩固。

②要突破难点，由浅入深各个击破。

③重视逻辑记忆，在理解的基础上记忆，特别是随着学生年龄的增长，要引导学生对学过的知识进行整理归纳，形成合乎逻辑的知识体系。

④注意精选巩固知识阶段的习题，这些习题既能突出重点、加深理解，又能举一反三。

⑤注意巩固知识的多种形式与方法，从教师教的角度看，教师可采用讲授、问答、讨论、读书指导、参观、实验、练习、操作等方式帮助学生巩固知识，从学生学的角度看，教师要指导学生采用多种有效的记忆方法，如分类、对立、比较对照、相互联系、机械记忆与意义记忆相结合等。

⑥在获取新知识的过程中，从新的角度，通过新的联系去巩固旧的、已有的知识技能，在获取新知识的过程中，通过对新知识的改组、充分的变式完成对新知识的巩固。

4. 指导学生运用知识

知识运用是知识理解的最终目的，同时是教学更高任务完成的重要标志，表明了学生现阶段的知识掌握水平。所以，无论在学生学习活动的哪个过程中，对学生知识运用的指导都是一个极为重要的阶段。以人类认识活动的规律（始于生动的直观，止于实践，连接二者的主要媒介就是抽象思维）为依据，在实践中应用知识也是构成学生完整认识活动的重要环节。只有确保学生能够在实践中应用知识，才能有效检验学生对新知识的理解，才能通过实践来加深学生对新知识的理解，才能正确理解和树立"理论源于实践，并服务于实践"的正确观念，从而使学生解决问题的能力得到有效加强。通常来讲，学生的教学实践主要有练习（书面练习、口头练习、实际操作）和实习、见习、社会调查、生产实践、课外科技活动、文艺体育活动等不同形式，其中，尤以练习得到的关注度更高。在大多数人的认知中，练习就等同于大量的书面练习，这既违背了学生认识的基本规律，也造成了学生繁重的课业负担，更是造成学生创新意识差、实践能力弱、动手能力较为薄弱的决定性因素。

指导学生运用知识阶段的任务，集中表现在为促进学生认识第二次转化，需要基于反复地练习和实习等来促进技能技巧的形成，并带动学生实际操作能力、综合思维能力的显著提升。学生学习最明显的特征在于单科进行、齐头并进，基于此设计的课程内容，就很容易导致相互分裂、综合性缺失的学科关系，而知识的运用无疑为学生综合知识和学科提供了便利条件。在新课改下展开的综合实践活动课程，在培养与提升学生的技能、技巧、实际操作能力、综合思维能力方面，既提出了更高要求，又提供了重要保障。在指导学生运用知识阶段，应当注意以下问题。

①使学生的学习自主性得到有效激发。

②学、思、行的学习过程，尤其是实践活动，提高重视，这是因为文艺体育

活动、课外科技活动、生产实践、社会调查、实习与见习等，除了能够在培养学生创造力、实践能力和综合思维能力方面发挥促进作用，更在学生综合理解与运用知识以及情感体验形成方面扮演着重要角色。

③立足不同的知识技能要求，以多元化的手段来实现知识的应用。

④除了对学生的知识应用提供科学指导，还应当侧重对学生以正确、有效的思路来解决问题方面进行引导。实践表明，一定的思路是解题和学生动手解决实际问题所必不可缺的影响要素，而这种思路的培养具有可教性和可学性。若想复习和巩固知识，在节省解题或解决实际问题时间成本的同时，使学生的发展得到有效促进，就需要引导学生掌握正确、简洁、明快的思路；反之，则会因为思路不清晰而造成大量的时间浪费，既无法实现高质量的学习目标，又无法使学生获得相应的成长与进步。

以上四个教学阶段以学生的认识规律为基础来对各科教学的一般特征进行抽象概括，从而体现出普遍指导性。但从长远的角度来看，教学过程，尤其是课堂教学过程始终处于动态发展的状态，学生在已有经验、水平、兴奋点和预习等方面的差异，教师在态度、价值观、方法、能力、知识及对课堂教学情境体悟等方面的差异，各类教学条件在满足教学需求的程度方面的差异，以及不同的教学目标、教学内容，都会在不同程度上对教学各阶段的核心任务产生影响，甚至会因为不同核心任务的影响，而使教学基本阶段的程序发生变化。这便是教学本质的体现，即艺术性（不确定性、无序性）和规律性（确定性、有序性）兼容并蓄。

二、初中教学评价

（一）初中学生学业的评价

学生的认知学习主要指对知识的理解、掌握和应用，对认知学习的评价一般可以采用测验、实验、行为观察、评定等方法，其中测验是使用最多、最经常和最便利的，与其他评价方式相比，其结果较为客观。要确保测验达到应有效果，就必须做好测验的编制工作。有效测验编制的基本标准（要素）如下。

①信度，指在使用同一试卷对考生重复测验，或使用两种平行试卷对考生测验时，所得测验分数的一致性和稳定性程度。

②效度，指考试有效性或正确性的质量指标，考试效度反映的是考试是否达到它的预定目的，是否考了要考的内容。

③难度，指试卷（题）的难易程度。一般用试卷（题）的得分率或答对率表示，所以难度事实上是容易度或通过率。其值在 0 ～ 1 之间，数值越大，说明试卷（题）越容易。

④区分度，是指试题对不同考生知识、能力水平的鉴别程度。如果一个题目的测试结果使水平高的考生答对（得高分），而水平较低的考生答错（得低分），它的区分度就高。题目的区分度反映了试题区分能力的高低。一般而言，区分度的数值达到 0.3，便可以接受；低于 0.3 的，区分度低。

测验编制的过程：首先，要确立测验目标，搞清楚是用于诊断教学还是选择人才等。其次，要明确具体的测验目标，测验试题的取样应能准确反映教学内容和教学目标，既能覆盖教材的全部内容，又能反映各部分内容在教材中的相对比重。再次，精心编制双向细目表。布卢姆的《教育目标分类学》认知部分是分析、确定各科教育测量目标的基础，其将认知领域的教学目标分为知识、理解、应用、分析、综合、评价六个层次，在我国很多人对此进行了改造，将其分为识记、理解、应用、分析、综合五个层次。双向细目表就是考查目标（能力）和考查内容之间的关联的表。最后，根据双向细目表拟定测验题目，编制试卷，实施测验。

（二）初中学生品德的评价

作为一种在初中阶段得到广泛应用的品德评价方法，操行评定法是一种以一定的标准为依据，结合日常观察被评价者所获得的信息，来更加全面地分析学生的品德发展情况的评价方法，其评价结果往往呈现为书面形式。现阶段而言，评语的内容与表述集中体现了操行评定法的改革情况。在书写评语的过程中，评价者应当对学生进行全面了解，如学生的行为状况、品德发展规律和现实心理需要等，还要进一步规范评语，即在对评语的基本项目和指标予以界定的基础上，使学生能够获取一定的信息量，以便于对不同阶段的评语功能进行区分，如强调发展性、激励性和针对性的学年、学期评语。除此之外，还要对评语的感情色彩进行进一步强化，在遵循实事求是基本原则的基础上，以鼓励性语言为主。

（三）初中学生综合素质的评价

学生综合素质评价主要着眼于学生的成长过程和整体表现，既要反映德、智、体、美、劳等方面的综合素质，又要彰显学生的个性、特长和发展潜能。所以，对学生综合素质的评价既要结合学生自评和他评，又要结合形成性评价和终结性评价，并以写实性文字和等级来描述和表达评价结果，以辅助性材料予以补充。采用这种多元化的评价方式，是为了改善以往对学生评价方式过于单一，内容更加侧重于选拔和甄别以及重学业成绩和学习结果，轻学生全面发展、个体差异、评价过程的情况。以发展的眼光来看待学生的发展与进步，以客观的教育和指导来代替以往的评价，从而充分发挥评价的导向、激励和发展作用。

第三节　初中德育内容与途径

一、初中德育内容

德育内容是形成人们品德的社会思想政治准则和法纪道德规范的总和。德育过程中向学生传授的道德价值内容对学生而言是有用的、与他们的生活相关并能指导他们生活的，有助于学生处理所面临的道德问题。"在初中德育的开展中，班主任需要亲力亲为，细心观察，帮助学生树立起正确的三观，让其全面成长，更好地应对青春期的各种心理问题，减轻家长负担，教育好每名学生。"[①] 初中德育的主要内容有以下方面。

（一）爱国主义教育

爱国主义教育指让学生树立热爱祖国并为之献身的思想的教育。爱国主义教育是学校德育的重要内容和永恒主题。爱国主义是一面具有巨大号召力的旗帜，是中华民族的优良传统。爱国主义的特点是艰苦奋斗、辛勤劳动，不断丰富和发展中华民族的物质文化财富，维护各民族的联合、团结和国家的统一；同一切阻碍历史发展和社会进步的势力和制度进行斗争，推动祖国的繁荣和进步。爱国主义教育内容广泛，包括：中华民族悠久历史的教育，中华民族优秀传统文化教育，党的基本路线和社会主义现代化建设成就的教育，社会主义民主和法制教育，国情教育，民族团结教育，国防教育和国家安全教育，等等。其中，国情教育就是要帮助学生系统地了解中国的经济、政治、军事、外交、社会、文化、人口、资源等方面的历史与现状，了解中国现代化建设的目标、步骤和宏伟前景，

---

① 卢继红．初中班级德育工作的重要性 [J]．黑河教育，2021，442（12）：6-7.

并从中国和世界其他不同类型国家的对比中，看到我国的优势和差距、发展的有利条件和不利因素，增强使命感和社会责任感，更好地发扬艰苦奋斗、勤俭节约的创业精神。

国情教育还要同各地的具体情况结合进行。例如，北京市有天安门广场、中国历史博物馆、中国革命历史博物馆、中国人民革命军事博物馆、中国人民抗日战争纪念馆、故宫博物院、圆明园遗址公园、八达岭长城、周口店遗址博物馆、李大钊烈士陵园、焦庄户地道战遗址纪念馆、北京自然博物馆、中国航空博物馆、中国科学技术馆等。中华人民共和国教育部在《关于进一步加强和改进未成年人思想道德建设的若干意见》的实施意见中规定学校要把升旗仪式作为经常性爱国主义教育的重要形式，要组织好瞻仰革命圣地、参观爱国主义教育基地的活动，让青少年学生在各种实践活动中，陶冶情操、锻炼意志，培育民族自尊心、自信心和自豪感。因此，一次庄严的升旗仪式会激发学生的爱国热情，使学生心灵上受到强烈震撼，思想上受到深刻教育。

（二）理想教育

理想是在现实基础上形成的对未来奋斗目标的向往和追求，以及经过追求而实现的超越既定现实的更为美好的状态或境界。从内容上看，人生理想可以分为生活理想、职业理想、道德理想、社会理想。每个人所处的时代背景、社会环境和家庭条件不同，所受的教育程度有高有低，所追求的理想也就不一样。理想的重要性在于它是人生活动的方向和希望，也是生活的一个重要动力来源，在许多情况下，它还是整个生命的精神支柱。

（三）集体主义教育

集体主义教育是指引导学生热爱、关心集体，以集体利益为重的教育，是共产主义思想体系教育的一项重要内容。在社会主义国家，它是衡量人们道德行为的基本标准，是调节人与人、个人与集体、个人与国家关系的根本指导原则。集体主义教育，在不同历史时期，内容有所不同。现阶段，集体主义教育的内容就是教育学生正确认识和处理国家、集体、个人三者之间的利益关系，懂得在社会主义制度下，国家、集体、个人三者利益发生矛盾时，要以国家和集体利益为重，个人利益要服从集体利益，正确处理三者利益关系，不是不要个人利益，而是把三者兼顾起来；教育学生增强集体观念，热爱集体、关心集体，促进集体的团结，积极为集体争创荣誉，珍惜和维护集体荣誉。在改革开放的新的历史条件下，加强集体主义教育，用集体主义思想约束和规范人们的言行，对于反对和抵制个人自由化、促进社会主义物质文明和精神文明建设具有重要意义。团结、友爱、互相关心、互相照顾、遵守纪律、热爱集体、合作学习、助人为乐等，都是集体主义精神的具体体现。

（四）劳动教育

劳动教育指向学生传授基本的生产技术知识和生产技能，培养劳动观点和劳动习惯的教育，其任务是促使学生树立正确的劳动观念、形成劳动习惯、劳动能力和劳动品质。劳动教育的主要内容如下。

①促使学生树立正确的劳动观点，使他们懂得劳动的伟大意义，了解人类的历史首先是生产发展的历史，是劳动人民创造的历史；懂得辛勤的劳动是建设社会主义和共产主义的根本保证；劳动是公民神圣的义务和权利；懂得轻视体力劳动和体力劳动者，是数千年来剥削阶级思想残余；懂得把脑力劳动同体力劳动相结合的重要意义。

②培养学生热爱劳动和劳动人民的情感，使他们养成劳动的习惯，形成以劳动为荣、以懒惰为耻的品质，抵制好逸恶劳、贪图享受、不劳而获、奢侈浪费等恶习。

③学习是学生的主要劳动，教育学生从小勤奋学习，将来担负起艰巨的建设任务，并教育学生正确对待升学、就业和分配。

劳动教育要通过生产劳动和公益劳动等来实施。学生在校期间，要按照教学计划的规定，适当参加劳动，这样既可以锻炼身体，又能体会劳动的乐趣。当前，为培养学生的社会责任感，学校要开展形式多样的社区服务活动，规定学生在校学习期间都必须深入各个基地，如参观学习、调查研究、野营联欢、共同生活、现场报告、慰问弱势人群、捐助活动等，让学生从中了解传统，了解国情、军情、民情，从而使"努力学习，服务社会"的信念扎根于学生心中。这种形式主要通过学生在社区以集体或个人形式参加各种公益活动，进行社会责任意识、助人为乐精神的培养，使学生为社区建设和发展服务。通过社会实践活动，可以培养学生主动参与社会、服务社会的意识和能力，从而形成正确的劳动观、职业观和道德观。

二、初中德育途径

德育途径指组织德育活动的形式，既有直接的德育途径，如思想品德课，也有间接的德育途径，如隐性德育资源和校内外活动。例如，社会主义价值观教育既可以通过课堂教学进行，也可以通过校园文化活动进行，等等。

直接的德育途径指通过专门的认知性德育课程进行直接的道德教学的方法，主要把政治思想和道德知识观念传授给学生，促进学生道德认识、情感、意志与行为习惯的形成与发展。具体而言，认知性德育课程在课堂中借助教材，在教师的启发、引导下，通过说理、讲授、讨论与阅读等方式，让学生理解和掌握系统的、正确的政治理论、思想观念、道德认识乃至道德信念，是专门培育德行的课程。它是相对于智育课程、体育课程、美育课程等而言的。直接地进行道德教学是我国学校德育最常见的一种形式，它存在于学校正式的课程之中，有课程标准和计划。具体而言，学校德育途径有以下方面。

（一）注重学科德育

课堂教学是学校德育的基本途径，包括思想品德课和其他学科教学。所谓学科德育是指初中各学科根据教育方针和课程标准要求，在教学过程中对学生进行的思想道德教育。

①语文教育，通过对精美华章和经典著作的阅读，学生不仅可以感受到语言的优美，而且可以提升人文素养和文化底蕴。

②音乐教育，在合唱教学中渗透德育，在欣赏中渗透德育，在乐器教学中渗透德育，做到以乐辅德。它充分利用鲜明的节奏、优美的旋律、丰富的和声、美妙的音色来表情达意，因而能直接触动学生的情感中枢，震撼学生的心灵，对学生的情感世界、思想情操、道德观念极具影响力。从音乐审美体验中获得真善美，能培养学生的爱国情感，能培养学生高尚的道德品质。

③历史教育，了解我国上下五千年的辉煌成就，可增强学生的民族自豪感和自信心，其中的优秀人物可以给学生树立榜样。

④理科类课程，对学生进行辩证唯物主义世界观、方法论的教育，培养学生求真务实的科学精神、尊重知识的态度和不断探索的勇气。通过科学家成长成才的故事来激发学生的学习兴趣。

⑤体育教育，培养学生的团结合作意识、规则意识和集体荣誉感。

⑥地理教育，通过祖国大好河山和风土人情，培养学生的爱国思想，通过人与自然的关系，培养学生热爱生态、保护环境、珍惜能源的思想，等等。

（二）建设校园文化

广义上而言，校园文化包括物质文化、精神文化和制度文化；从狭义上理解，校园文化主要指精神文化，指除了教育、教学、管理以外的文化，其主要内容是教育方针、培养目标、校风学风建设、历史传统、文化艺术活动、心理氛围等。

1. 精神文化

学校的精神文化指通过成员共同的实践活动并经历史积淀而成的文化，附着在校园的各种环境因素及学校成员身上，赋予学校以特有的个性魅力，从而使生活于其中的每一个学生都受到影响。例如，教风是教师在长期的教学实践中形成的教学特点和作风，是教师道德品质、文化知识、教育理论、教学技能等素质的综合表现。学风是指学生在学习过程中形成的一种集体行为风尚，它反映了学生的学习态度、学习动机、学习精神和学习方法等，影响着学生的认知过程、认知结构，制约着学生学习、创造的全过程。此外，每所学校都有其特有的历史传统与特定的办学目标，它们从学生入学的第一天起到他们毕业之后一直对学生有着巨大的影响。校训和校风是学校精神文化的集中体现。学校精神是经过师生长期努力积淀而成的稳定的、共同的追求、理想和信念，是校园文化的精髓与灵魂。所谓校训是一个学校对其文化传统、文化精神的理性概括和认同，校风是一个学校在其传统、精神方面的文化自觉和习惯。

2. 物质文化

物质文化主要指学校建筑物、自然景观、地理位置、生态环境、教室设置等。学生在学校走廊的墙壁上、在教室里、在活动室里经常看到的一切，对其精神面貌的形成具有重大的意义。

3. 制度文化

制度文化指班级和学校中的领导体制、规章制度、领导风格、管理模式、教学组织形式等。各种规章制度、守则、规范集中体现了学校领导的思想观点、价值观念。管理体制是否民主、集体生活制度是否健全、各项规章制度是否合理，都会对学生产生潜移默化的影响。例如，在专制的领导方式中，儿童容易表现出被动性，同时又富有攻击性；而在民主的领导方式中，他们就容易显得主动、友好。美德的形成需要良好的环境。

（三）进行实践活动

实践活动分为专门和非专门的德育活动，专门的德育活动，如团队会、班组活动及旨在进行德育的社会实践活动等；各种非专门的德育活动，如学习活动、劳动活动、娱乐活动、科技活动、休闲活动、竞赛活动等，只要具有育德性的，都具有德育价值。实践活动既是道德教育的目的，也是道德教育的手段。作为目的，指活动、实践道德生活或使学生形成某一种道德的生活方式应当成为学校德育追求的最高境界；作为手段，指教育者应当把活动作为个体道德发生、发展以及道德个体意义实现的源泉来理解并作为促进道德发展的手段加以运用。

学生参与各种校内外活动，在这些活动中，学生受到了教育，学会了社会生活，增长了经验，获得了道德成长，培养了实践精神并锻炼了实践能力。例如，交往活动可以培养学生的人际交往能力，树立共同生活、共同发展的意识和态度，懂得尊重他人、尊重自己，形成移情同感倾向，产生道德认同。基于互利互惠的协作和交往是互相尊重、互相协调，以及推己及人、由人及我的"移情"式理解能力发展的真正前提。在协作和交往活动中，每个活动的参与者不仅对活动中个人利益和团体利益有较深的理解，而且对自己在团体中的地位、作用、权利和义务有较充分的认识，既能懂得规则和纪律对个人、团体的约束规范作用，也能体会到其对个人发展、个人利益的保证和促进作用。

（四）加强班主任的工作

班主任是班级的组织者、教育者和引导者，不是决策者、控制者、领导者，在班级建设中行使多种职能，扮演多种角色。班主任又是学校对学生教育管理的具体执行者，是班集体内教育教学活动的核心，是联系学校、家庭、社会的纽带。促进全体成员的全面发展是班主任工作的中心任务。

班主任工作的原则：学生主体原则，因材施教原则，集体教育原则，民主公正原则，严慈相济原则，以身作则原则。

班主任的工作艺术：引导的艺术——因人而异，评价的艺术——多元肯定，交往的艺术——冷静恰当，转化的艺术——递进梯度，惩罚适度有情。

班主任的工作内容：了解和研究学生，组织和建设班集体，做好个别教育工作，营造和谐的班级环境，协调各方面的教育力量，合理安排各项活动。班主任要做好个别教育工作，包括各种类型的学生的思想品德教育，提高成绩较好的学生的自我意识和自我教育能力，处理各方面发展的关系；转化后进生，包括分析落后的原因，根据其特点进行耐心引导，多方配合因势利导，发扬积极因素，消除不良因素，促进其全面发展，在个别教育工作中要贯彻德育原则。

班会活动有主题班会和常规班会。组织开展主题班会的基本要求：精心设计主题；要有针对性，能解决问题；善于开拓创新，具有鲜明的时代气息；要生动活泼，具有趣味性；面向全体，调动每个学生的积极性。此外，德育新途径包括心理咨询活动、社区服务、校外教育基地建设等。

第三章　初中学科的教育教学

第一节　初中语文教学

一、初中语文课堂教学的基本要素

（一）备课

语文教师上课要想取得较好的教学效果，必须课前认真备好课。备课是语文课堂教学的一种预先设计，有了这个预备过程，才能把语文课上好。因此，再优秀的语文教师，在上课之前都要做一番准备工作。对一节课内容的全面掌握、理解是备好一节课的基础，教师还要把握备课重点、抓住备课难点、寻找备课关键、探寻备课方法（图 3-1）。

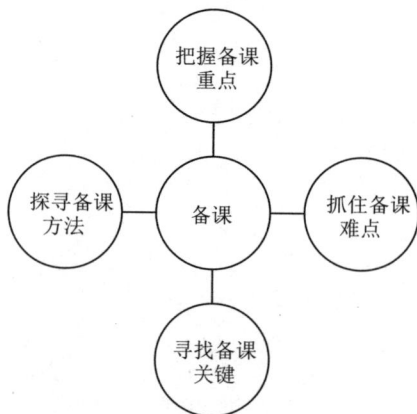

图 3-1　备课

1. 把握备课重点

在备课的过程中，教师应该针对具体的知识情况进行具体分析。不同知识点使用的教学方式也需要有所不同，教师不能教授所有的知识点时都使用同样的方法。备课过程中需要找到这节课的重点，对于重点可以从两个角度进行理解：首先，教师应该找到教材中的重点，也就是教材要求学生重点掌握的知识；其次，是教学过程中要突出的重点，教学时间一般是40分钟，在时间有限的情况下，教师要在课堂教学中确定此节课的教学重点，这样才能引导学生对知识和技能进行重点掌握。

确定重点的时候要注意基本方法、基本理论及基本概念，这三个方面都和基础有关，基础代表的就是问题的本质内容。想要掌握重点知识，最重要的是确定知识的基本内涵，主动吸收知识、理解知识，牢牢掌握知识，只有这样学习后面的知识时才能顺利。掌握正确的学习方法比学习知识的意义还要大，而且学习方法的掌握会让后续知识的学习效果更好。教师在教学中应该注重学习方法的传授，这样可以使学生自己处理学习遇到的困难，有助于学生更得心应手地开展学习活动。教师在讲解新知识的时候要重点介绍学习内容，也要对知识体系进行精准、详细概括，讲解知识的过程中一定要严谨，教师一定要对学生的错误进行重点分析。

确定教材重点的时候要考虑不同教材的特点。一般情况下，教材会包含学生要学习的基础知识、本质知识。但是，教材类型不同时，各种知识所占的比例也是有差异的。一般情况下，重点知识所占的比例大一些，非重点知识占的比例小一些。教学重点指的是需要教师重点进行讲解的知识内容，这部分内容需要学生主动关注、重点关注。教学重点和教材重点有一定的联系，教材重点指的是教材内容中凸显出来的需要学生重点了解的知识，教师可以根据内容在教材中所占的篇幅大小进行重点和非重点的区分；教学重点不仅包括教师对其他外部知识的扩展，而且包括对单元知识的系统总结，还涉及不同知识组合之后形成的重点。教师在讲授课程知识的过程中，必须做到吐字清晰、逻辑清晰，教学重点中需要涵盖教材的重点，但是又不能全是教材重点，还需要根据学生的实际需求设置适合学生的其他知识，备课过程中应该设置完整的课堂计划。

2. 抓住备课难点

不同的知识难易程度不同，每一节课要学习的知识的难度也是有差异的，而教学难点指的是大部分学生不能马上吸收需要进行复杂理解、深度理解的知识或者技巧。一般情况下，学生对抽象的知识内容理解起来比较困难，这些内容大部分都属于掌握起来相对困难的难点内容。如果教师在备课过程中发现存在这样的难点，那么教师应该先进行难点的分析，然后从学生的角度去理解如何更好地吸收这些知识点。在处理复杂的难点问题时，教师需要耐心地讲解，尽可能将知识简单化，让学生更好地区分容易混淆的难点知识。比如，教师可以运用对比的方式将不同知识点的不同之处列举出来，让学生对相似的知识和问题进行区分。

一般情况下，难点主要有以下三种情况：首先，教材中会有难以理解的抽象知识或复杂知识，这类知识对于学生来讲就是要学习的难点内容；其次，学生的知识水平或社会经验及理解能力可能有所欠缺，所以在进行知识教学时要从学生的角度去分析内容能否被学生理解，这也是一个非常重要的教学难点；最后，不同的教师教学素养水平存在差异，教师的思想、教师的业务水平、教师本身的涵养及教师的文化水平都会导致教师对课堂有不同程度的把握，最终会影响学生对知识的理解和运用。

确定教学重点和教学难点时使用的方式存在差异，教学重点属于教学内容当中的重要部分，学生在学习了教学重点之后可以运用知识。但是，教学难点的确定需要综合多各方面的因素进行分析。比如，从学生的角度进行分析，主要考虑知识是否易于被学生接受，是否易于学生理解。教师可以引导学生去总结难点知识的规律，让学生运用规律去处理相应的问题，避免学生受到难点知识学习的困扰。

3. 寻找备课关键

备课关键中的"关键"有两方面的含义：一方面，教材内容的某一个"关节处"，如果在这个地方卡住了，便不能迅速、正确地理解整个内容的意思；另一方面，在课堂教学进行过程中某一至关重要的环节（或是教学方法转换之时，或是学生听课情绪起伏之际），如若处置不当，则会影响课堂教学活动的顺利进行。要真正找到备好关键也必须从教材内容的"关节处"和教学进行过程中至关重要的环节这两个方面去考虑。

第一，在备课的过程中，教师应该针对"关节处"的内容进行仔细思考、仔细研究，分析这一"关节处"的内容是否会影响学生对知识的理解以及知识吸收，是否会造成学生的学习困难。除此之外，教师还要主动思考新旧知识之间的联系，判断新旧知识的联系是否会对学生的知识学习产生作用，教师应该利用自己在教学中积累的经验对"关节处"的重点和难点内容进行简化处理，让重点、难点变成容易学习的简易知识点。然后，教师需要清晰地为学生呈现"关节处"

的知识。除此之外，教师也应该针对这一部分知识设置针对性的练习题，帮助学生更好地学习和掌握这些知识。

第二，教师在备课过程中遇到重要环节时，首先应该从整体角度对整节课程进行把握，确定要学生特别关注某一个环节，让学生了解这一环节的重要性。其次，在真正到达这个重要环节之前，教师应该进行一定的铺垫，要对学生进行适当的前情提示。举例来说，如果教师想使用不同的解题方法对同一个问题进行解答，那么教师应该提前提醒学生换一种思维，不然学生可能会陷入固定思维模式中。最后，教师应该提前预测课堂中可能会出现的突发状况，并且分析这些状况出现的原因，针对性地制定调整策略，避免课堂中出现不良状况或尴尬场面。举例来说，在组织学生讨论的过程中，教师应该激发学生发言的积极性。

4.探寻备课方法

在确定教学内容之后，教师应该考虑使用哪种教学方法让学生了解知识、吸收知识，所有的教师在备课的时候都应该认真地思考这一问题。方法有的是巧妙的，有的是笨拙的，如果方法巧妙，则可能会获得事半功倍的效果；如果方法笨拙，则可能会事倍功半。但是方法的巧妙或笨拙取决于方法是否运用在适当的情况中，如果运用得恰当，那么即使是笨方法也能够获得事半功倍的效果；如果运用得不恰当，那么即使是巧妙的方法也可能会获得事倍功半的效果。如果教师能够做好方法的运用、方法之间的搭配，那么教学效果将会得到良好的保障。

第一，语文教学方法应该做到多种多样。语文课堂当中不能只使用一种教学方法，教师应该至少使用三种教学方法。这样的教学才能是有趣的，才不会给学生带来枯燥的感觉。但是，这并不是要求教师要将教学时间平分成三份，每一份时间中使用一种教学方法；而是要求教师应该根据教学的具体需求进行方法转换，让不同的方法可以巧妙地搭配学生的学习需要，这样才能激发课堂活力。

如果语文教学内容或语文教学目的出现了不同，那么教师就需要考虑教学方法的更换。比如传授知识和传授语文学习技巧的时候，教师就应该运用不同的教学策略和方法。与此同时，教师还要在语文知识讲解、技巧讲解结束之后对学习过的知识和技巧进行系统的总结与分析，明确学习中的重点内容。假如语文课堂进行的是技巧的教学，那么语文教师应该让学生进行更多的语文知识实践，并且对具体的实践事例进行讲解，让学生掌握相关的技巧。如果语文课堂要讲授的是新的语文知识，那么教师就应该利用宣讲的方式为学生讲解语文内容，讲解过程中应该注重讲解的生动性，这样才能吸引学生注意力，让学生积极参与讨论。

第二，根据学生的年龄特征，对学生当下的心理发展状况进行分析。当学生处于不同的年龄的时候，适合的语文学习方法是不同的，教师应该根据学生对语文知识的理解程度、接受程度选择适合学生当下年龄的语文教学方式。如果教师一直使用同一种教学方式，那么对于不同年龄的学生来讲，学习语文一定是非常糟糕的体验。语文教师在备课过程当中就应该考虑到学生年龄的影响，通过对比可以发现年龄比较低的学生自我控制能力是比较低的，也没有形成较好的抽象概括能力。在这种情况下，语文教师就应该更加注重内容的详细讲解、系统讲解，帮助学生进行概括和总结，让学生建立起相对系统的语文知识结构。

第三，教学方法应该富于变化。所有的课堂都不能使用一成不变的教学方式，特别是语文课堂，一定要注意语文教学方式的生动形象，这样学生才可能关注语文教学内容，教学方法的变化可以更好地吸引学生的好奇心，让学生专注于教师的语文知识讲解，不同的语文教学策略能够获得的语文课堂教学效果也是有差异的。如果教师能够灵活地进行语文教学方法的调整，那么学生将不会感觉到课堂的无聊和枯燥，相反，学生会觉得课堂是非常新鲜的。除此之外，也需要注意不同语言方法之间的搭配，顺序不同的情况下能够产生的教学效果也是不同的，可能语文教师使用的都是讲解、练习以及问答的教学方法，但是，如果调换顺序，可能就会让学生有眼前一亮的感觉。

（二）授课

课堂教学是师生共同参与、相互作用的一个复杂的双边活动。在初中语文教学中，教师授课与学生自主学习相结合，正确地反映了教与学的关系，是语文教学整体改革深入发展的结果，而作业是促进教学发展的重要手段。

1. 开讲

在课堂刚开始的时候，教师就应该使用有效的方式吸引学生的注意力，激发学生的主动性，让学生对语文知识产生强烈的渴望，这样学生接下来的学习才能有动力，才能始终关注接下来的语文学习内容。

一节语文课开讲的部分是至关重要的，一个优秀的语文教师一定会掌控好讲课节奏。只有语文教师节奏掌控得好，学生的学习兴趣才可能被充分激发，才可能较快地将注意力集中在语文教学当中。在这样的情况下，学生可以快速掌握这节课的学习重点和学习目标。

开讲对于一些课程的作用就类似于一个文章的开头对于整个文章的作用，它除了能够吸引兴趣之外，还能总领下文。如果语文教师掌握了开讲艺术，那么学生接下来的阅读将会更为顺利，对文章的理解也会更为透彻。

①开讲经常使用的方法主要有四个，语文教师在讲解不同的内容时使用的开讲方法也必然会有所差异。

第一，语文教师可以利用开门见山的方式或者解析课题的方式开讲。阅读文章的时候，学生首先关注的是题目，它既是文章的眼睛也是文章的主旨。开讲之前应该先对题目进行分析，让学生对文章要讲述的内容有一个基本的了解。这样，学生在阅读文章的时候才能主动联系文章主旨，才能提炼文章的主要思想。对文章题目有了一定的了解之后，学生会产生好奇心，想要探究接下来的文章内容，这极大地提高了学生的阅读兴趣。

第二，语文教师可以变换刺激的方式或激发兴趣的方式进行课程的讲解。兴趣对于语文学习来讲至关重要，有了兴趣学生才会想要学习语文知识。教师可以利用外界事物的刺激去激发学生的兴趣，刺激学生的思维。这样的刺激有利于学生以最快的速度进入学习状态，有助于学生集中注意力学习语文知识。

第三，语文教师可以利用情感熏陶或氛围创造的方式进行课程讲解。开讲的时候，教师可以为学生提供与本节课内容有关的学习意境，通过意境去熏陶学生的情感，让他们更容易和文章形成情感共鸣。

第四，语文教师可以使用设置悬念的方式引导学生多思考，激发学生的好奇心。在开讲的时候，如果教师设置合适的悬念，那么学生的好奇心将会得到充分的激发，会更主动地去探究语文知识。可以说，悬念在一定程度上成了学生语文知识学习的动力。

②课堂开讲时的注意事项如下。

第一，切题要结合实际。教师在教学时不仅要掌握教学内容，也要了解学生的实际情况。教师完全理解课文后，就可以根据文章内容来确定如何去开讲，这样一来学生更容易进入教学所要求的境界中。学生掌握课文后，教师在教学中就能够有针对性地教学，并充分地调动学生的积极性。

第二，导入得有针对性。开讲的设计要因文（教材、教学内容）而异，因人（学生与教师）而别，循情（学情及教学时机、气氛）而变，循需（教学目的）而发。只有深思熟虑，各方面照应，才能有的放矢，富有成效，真正做到"新""活"而且"实"。

第三，教师所用到的语言最好要精练。教师在讲课时要注意组织好语言，开讲的语言一定要简洁明了，最好不要过长，要清楚、生动形象。语言是一门艺术，掌握好语言的表达方式可以吸引学生的注意力。

第四，思维要得到启发。在开讲时要启发学生的思维，尽量让学生产生思维上的矛盾冲突，并且激发学生的好奇心，这些都是成功开讲的必要元素。如果教师开讲具有启发性，那么就能够增强学生的想象力，提高学生学习的积极性。

第五，教师可以利用形象多样的方式进行语文课堂的开讲。教师可以在开讲之前先向学生们分享非常生动形象的具体事例，也可以利用其他的色彩或者声音影像让学生获得生动直观的感受，这样学生就会从感性化的角度去理解抽象化或者具体化的语文知识，这有助于学生对语文知识、语文内容的吸收，也有助于学生对语文课程兴趣的培养。

第六，语文教师在开讲的时候可以设置一个新颖的立意。也就是说，语文教师可以利用新颖的信息去刺激学生的兴趣，让学生产生探究语文的兴趣。语文教师在导入新颖立意的时候应该注意导入角度的灵活性，比如说语文教师可以从课题角度导入，也可以从内容角度导入，还可以从学习过的旧知识的角度导入。也就是说，导入的方法多种多样，可以灵活变动。除此之外，语文教师也可以利用抒情、议论、描写、叙事、设置悬念、问题讨论等形式引入新的教学内容。

综合来看，语文教师应该在课程开讲部分进行巧妙设置，让开讲部分丰富多彩，以此来培养学生的兴趣，为后续课程的学习设置一个精彩的开端。

2. 授课的节奏

第一，整节语文课堂的节奏。语文教师应该从整体上把语文教学节奏控制在恰当的范围内。这里的恰当指的是要让大多数的学生适应的、合适的语文课堂节奏，应该是既可以使学生集中注意力，又可以缓解学生的紧张程度，既可以让学生非常舒适地参与教学互动，又可以避免学生过度疲劳或过度紧张的课堂节奏。舒适的语文课堂节奏不会让学生产生无聊之感，也不会让学生厌倦语文学习。在最开始进行讲课的时候，教师应该确定好整节课堂的基本节奏，如果内容相对简单，那么课堂节奏可以更紧凑；如果内容比较复杂，那么课程节奏可以相对舒缓。在整节课中，教师也可以根据活动需要对课堂节奏进行调节。

第二，授课速度节奏。语文教师的授课速度会对语文课堂的节奏感产生直接影响，正常的授课节奏是快慢交替，让授课节奏处于动态变化之中。通常情况下，教师应该根据学生对语文内容的感兴趣程度和注意力集中程度来决定授课速度的快慢。如果学生对目前学习的语文内容非常感兴趣，那么他们的注意力就会更为集中。这时，教师可以在一定程度上放慢授课速度，对学生感兴趣的内容展开更深入的分析。如果教师发现学生注意力相对分散，那么应该提升教学速度，让学生对教学有更高的关注度。

学生在语文学习过程中思维的紧张或松弛也会影响语文课堂的节奏感。当学生比较紧张时，他们的思维也处于非常活跃的状态，这时的教学也达到了高潮阶段，学生能够快速掌握语文知识或者语文技能。如果学生处于松弛状态，那么他们的思维也会变得舒缓，这时的语文课堂一般处于休息阶段或者停顿阶段，学生一般会对学习过的语文知识或者语文技能进行深层次的思考或者回想，这有助于学生对语文知识的深刻理解。

第三，授课内容节奏。授课内容节奏指的是教学内容的输出数量以及输出速度。在固定时间中。学生的大脑能够处理的学习内容是有限的，在固定的时间当中学生对某个知识和技能的理解或者掌握也是有限的，所以，教学内容的输出数量和输出速度要符合学生对知识的理解速度、吸收速度。

因此，语文教师必须对学生以及教学内容都有全面的了解，这样才能去掌控语文信息的输出数量和输出速度。经验丰富的语文教师会根据学生对知识的实际理解情况进行内容裁剪或者内容顺序的调整，以此来让内容更加符合学生的思维发展规律，让学生的学习内容从简单到困难、从浅层次逐渐向深层次过渡，这样的知识学习也是符合学生心理接受规律的，而且，这样的教学有助于培养学生的兴趣，有助于增强学生学习语文的信心。

第四，授课语言节奏。语言节奏主要包括教师的语速、语感，教师可以对自己的语言节奏进行调控。教师的语言节奏可以是抑扬顿挫的，也可以是平铺直叙的，还可以是言简意赅的。语文教师具体使用什么样的语言节奏主要取决于教学需要和课堂需要。如果教师的语言节奏非常优美，那么学生在受教育的过程中也会获得美的享受。总体来看，语文教师的语言节奏应该富于变化、生动形象、抑扬顿挫，语文教师应该尽可能地和颜悦色，让声音充满激情，在教室当中优美婉转地流淌。与此同时，语文教师还应该注重语言的简练，要让情理蕴含于语言之中，让讲解及表述可以逐渐地为学生揭开问题的面纱，让学生借助语言逐渐探索到知识的本质。除此之外，语言节奏还应该发挥鼓励学生、启发学生、赞美学生、督促学生的作用。

就一般意义上讲，有这样的一种模式。开课稍快：精彩，少套话、废话，切入正题，放慢语调但可高昂一些；展开讲解：要快，形成"小高潮"，烘托出愉悦的气氛；转入下一个问题：稍慢；结束：稍快，干脆利落，戛然而止，或为下一节课铺垫，或练习、做作业。必须处理好导入、展开、高潮、结尾四环节，注意首尾照应自然，高潮设置及时，过渡衔接得当，以体现教学结构的和谐美、曲线美和整体美。在这种课堂宏观节奏中，同学们的心理和生理运动曲线恰好呈反向趋势，能解决学生的"疲劳区"的问题。

第五，书面语言节奏。教师在进行板书书写、板画绘画，或者影音影像播放、图形播放的过程中，也应该注重节奏和速度的处理。板书和板画给学生带来的是视觉层面的语文信息，这样的语文信息想要被学生吸收需要学生调用自己的视觉器官，影音影像这样的信息除了需要学生调用视觉器官之外，还需要学生借助听觉器官。所以，总体来看，这样的语文知识是以一种相对缓慢的速度被学生接受和理解的。因此，语文教师应该以合理的节奏去处理课堂中的板书信息、板画信息、影音影像信息和图形信息。

在板书、板画的处理上，应做到层次分明、重点突出，能少写的绝不多写；根据课堂教学内容和教学结构的需要，让板书、板画分层次、有节奏地出现；并注意板书、板画和口语交叉处理。此外，板书在字迹工整、美观，行列安排适当的基础上，还要注意书写的速度即节奏问题。教师的板书书写速度应该略快于学生书写的速度，否则会使学生产生"延长视听"的感觉，让学生处于"写—等待—写—等待……"这样一种节奏中，在生理和心理上形成不和谐的循环。

总体来看，语文课堂会受到教学节奏的影响，而且教学节奏无处不在，节奏美的展现需要语文教师突出教学重点，合理安排教学顺序，使教学张弛有度，让不同的教学环节可以自然过渡。与此同时，还要注重课堂的动静结合，使不同环节之间层次分明，教师应该通过优美的语言节奏去引导学生思考，推动课堂发展。合适的教学节奏、优雅的教学节奏艺术都可以在一定程度上让语文课堂教学更高效、更生动。

二、初中语文课堂教学的活动

（一）初中语文课堂的自主学习

"随着教育改革的不断深化与推进，素质教育的理念开始深入人心。当前，社会大众越来越关注学生综合素质的培养。其中，学生的自主学习能力则体现出学生综合素质水平的高与低。为此，在初中语文教学中，教师要围绕着学生这一主体，着重培养学生的自主学习意识，提高学生的自主学习能力。"① 语文自主学习是学生依据自身特点、需要，在教师的指导以及教学目标的整体背景下的一种学习方式，学生能够自由选择学习方法、内容及目标，最后根据完成情况调节自己的学习活动。

1. 语文自主学习优势

第一，激发学生思维，让学生思维处于活跃状态。在新课程改革推进的过程中，语文教学更加注重学生的自主学习，语文教学将学习主体地位归还给了学生，学生成为语文课堂当中的真正主体，教师也开始转变自身角色，开始成为学生学习的指引者。在这样的情况下，学生真正掌握了语文学习的权力，可以选择更加适合自己的学习内容以及方法，并且以适合自己的学习方式去学习语文知识，以适合自己的频率去吸收语文知识。这种自主学习极大地促进了学生语文思维的活跃，让学生在语文学习方面有了更强的创造力。可以说，通过改革，传统的被动学习方式已经发生了改变，学生在语文学习中能够进行更多的主动思考，也享受到了语文学习自主探究的乐趣。这种学习乐趣也会反过来刺激学生进行更多的思考，极大地提高了学生的思考能力、探究能力、领悟能力。从学生的角度来讲，他们终于可以摆脱死记硬背的语文学习方式，终于从语文学习当中获得了乐趣。而且，这种学习方式极大地开拓了学生的视野，让学生有了更多的见闻，学生也发现了语文世界的奇妙。这种教学方式的转变激发了学生的语文学习潜能，学生对语文问题的分析能力也有了自然而然的提升。

第二，促进了学生积极性的提升。自主学习模式下的语文学习是以学生作为学习主体的。换句话说，是学生在主导语文学习，教师只是对学生的学习进行一定的引导和辅助，语文教师没有办法替学生决定他们要使用的学习方式、思路或者策略，学生需要借助于自己的能力去探究、选择适合自己的语文学习途径。这种学习方式让学生有了更浓厚的语文学习兴趣，更加积极主动地参与语文学习，语文课程的学习效果明显提升，学生也真正变成了语文学习的主人。语文这门课程比较注重独立学习，而且学习过程相对漫长。所以，学生想要全面掌握语文知识并不轻而易举，反而会面临很多困难，需要学生进行持续性的思考，才能掌握语文知识、语文技能。自主学习的环境非常轻松，有助于学生学习兴趣的激发和保持。在语文教师适当指导之下，学生的自主学习将会呈现出鲜明的积极性特

① 朱占荣. 初中语文教学中自主学习能力的培养策略研究 [J]. 天天爱科学（教育前沿），2021，198（11）：133-134.

点。在学生的积极探索当中，学生对语文知识进行了更深入的思考，有了更高的思考能力，学生也会逐渐构建出自己的语文知识系统。在持续的自主学习中，学生会累积形成更强的对语文知识的学习欲望。

第三，加强了语文教师和学生之间的互动。在自主学习模式当中，语文教师和学生需要进行更多的交流。这样，语文教师才能更好地指导学生的学习，学生在自主学习过程当中遇到问题时也需要向语文教师进行请教。所以说，在自主学习模式下，师生之间的互动交流得到了有效促进，而且师生之间的交流是平等的。在这种模式中，语文教师需要承担起指导者的责任，学生也需要承担起自主学习的职责，在这样的情况下，二者将会展开更频繁更充分的交流互动。

从教师的角度进行分析，他们应该在自主学习模式中发挥指引者的作用。语文教师应该结合学生的学习水平、学习动机、学习背景为学生提供适当的指导，并且及时关注学生的自主学习过程，对他们的学习过程进行科学合理的调节。从学生的角度进行分析，学生是自主学习的主体。在这样的学习中，他们是课堂真正的主人，可以在更大程度上参与课堂的语文学习活动。语文课堂的时间是有限度的，学生没有办法做到全面掌握所有知识。所以，学生也会在课下进行语文知识的自主查阅，这有助于他们开拓视野，积累更多的学科知识。学生也可以在课堂之下和教师进行更多的语文知识方面的交流，有助于师生建立亲密关系、信任关系。

2.语文自主学习效率

（1）教师应该对语文自主学习内容进行精心的设计

语文学习非常强调学生的学习动机，因为学生是语文自主学习当中的主体，所以每个人都具有独特的学习动机。当学生拥有学习动机之后，才可能主动进行语文知识的探索，才可能获得优秀的语文学习成果。语文学习成果的获得非常强调学生对语文学习的兴趣，只有有了对语文学习的热情，学生才会积极开展活动。如果学生有了学习动机，那么也会更为努力地探索、寻找最适合自己的语文学习方法。这一过程有助于学生快速领略语文学科的精髓，有利于学生更好地获得语文学习的成就感。具体来讲，语文教师在设置语文学习内容时可以从以下三个角度入手。

第一，从语文学科具有的"美"出发去设置语文学习内容。世界是多元发展的，在这样的情况下，语文代表的是我们整个民族的文化，是世界文化的瑰宝。语文学科可以让学生了解优秀的传统文化、学习民族精神、了解民族的魅力。所以，语文教师也可以利用语文学科具有的精神美、文化美去培养学生的兴趣，让学生形成强大的文化认可。这样，学生就会更加积极主动地学习语文知识。

第二，从语文学科具有的"情"出发去设置语文学习内容。对比其他学科可以发现，语文学科的感性特征更为鲜明，师生在进行语文教学的时候可以进行情感传递。举例来说，有一些非常优秀的作品，虽然它的主题表达可能是抽象的，但是它的情感表达是非常丰富的。所以，语文教师可以充分利用语文学科具有的丰富情感去构建师生之间的情感共鸣，以此来增强学生对语文的兴趣。

第三，从语文学习方法的角度入手去设置语文学习内容。学生动机明确之后，需要确定学习要使用的方法。动机催生了学习兴趣之后，学生的语文学习才真正开始。这时，教师就需要继续发挥引导作用，让学生通过实践探究的方式找到适合自己的语文学习方法。与此同时，教师也应该注重学生对信息的分析能力、归纳能力及整合能力。这样，学生的自主学习能力才能有所提升，语文学习才可能获得更好的、更优秀的效果。

（2）学生自主进行语文学习计划、语文学习目标的制定

具体来讲，学生自主制定计划和目标主要从两个角度出发。

第一，宏观角度。宏观角度会对学生目标的制定设定一个范围。比如，说学生可以制定语文学期目标、语文单元目标，也可以制定短期的语文学习目标或者长期的语文学习目标。

第二，微观角度。微观角度主要强调的是学生自主设定语文学习目标，因为学生是语文学习的主体。所以，学生必须在目标制定方面发挥自己的主动性以及能动性，对自己的语文学习活动进行调节。在学生自主制定学习目标、学习计划的过程中，教师也需要发挥自己的指导作用。学生制定明确的目标之后，在语文兴趣的激发下，会持续不断地努力，一直到语文学习目标完成为止。学生在自主制定目标的时候，要考虑两个方面的问题：首先，目标必须符合自己的实际需要；其次，目标的制定要针对自己语文学习的薄弱之处，这样才能在目标完成的过程中不断地提升自己的语文学习水平。

（二）初中语文课堂的阅读教学方法

1.阅读教学方法的影响

教学方法指的是师生为了更好地完成教学任务而使用的有助于教学活动开展、有助于教学效果提升的方法。通过对概念的分析可以发现教学方法除了涉及

教师教的方法之外，也涉及学生学的方法。语文阅读教学和教学方法之间既存在一般关系，也存在特殊关系，教学方法会影响到语文教学任务的完成，教师想要提高语文教学效率、提升语文教学质量，就必须了解及全面掌握与语文阅读教学有关的方法。

教学方法必然会在一定程度上对学生的思维产生制约，尤其是学生还没有形成固定价值观的时候，教学方法对学生产生的影响更为深远。在这样的情况下，语文教师必须掌握科学的阅读教学方法，这样才能帮助学生掌握语文阅读能力，提升阅读水平，语文阅读教学方法的运用会对以下六个转变过程产生影响。

第一，教师课堂角色转变。在之前的语文阅读教学过程当中，语文教师需要掌控整个语文课堂，主导语文课堂。但是在语文课程改革之后，教师变成了课堂的辅导者、引导者及组织者，教师更大程度上是在引领学生的发展。教师需要从讲台的方圆之地走出来，深入学生之中，和学生共同体验阅读过程。在改革之后的语文阅读教育过程中，教师不代表权威，也不具有绝对权力。在这样的情况下，教师必须转换角色、转换角度，从学生的层面进行思考和分析，以平等的地位和学生进行交流和沟通。这要求教师转变角色，站在学生的角度对学生的学习行为进行理解分析。

第二，教学策略转变。教学策略转变指的是教师应该转变教学方向，让语文教学更适合学生的学习。教师应该构建出适合学生学习的语文教学模式，让学生可以在更大的阅读平台中进行自主学习、探究学习、合作学习，以此来让学生感觉到语文阅读学习的快乐。在这个过程中，学生的阅读任务也会发生转变。学生除了进行阅读之外，还应该进行知识归纳、知识总结、问题处理。

第三，阅读教学呈现方式的转变。语文阅读教学可以使用全新的媒体、互联网技术，语文教师完全可以利用信息技术为学生提供更为方便的阅读途径，让学生可以使用全新的阅读方式；语文教师也可以借助于信息技术开拓更多的语文阅读资源，创造更多的阅读形式，丰富学生的阅读内容。

第四，语文教师教育观念的转变。阅读教学方法的应用过程中，语文教师可以融合现代教育理念或者现代教学技术。在进行这样的融合之后，语文教师的教育观念会出现一定的变化，语文教师自身的知识结构也会有一定的完善和优化。

第五，教学方式转变。改革之后的语文阅读教学更加注重为学生提供阅读情境，更加注重学生的自主阅读，更加强调学生的阅读体验。语文教师要引导学生形成综合的阅读能力，要组织开展能够凸显学生主体性的语文阅读活动，要为学生阅读能力的培养提供积极的、轻松愉悦的学习氛围。想要达到这一目的，语文教师必须让学生真正成为阅读主体，让学生可以自由地在书海之中徜徉。教师应该让学生自主选择阅读方式、自主选择阅读文本。除此之外，教师也可以让学生进行角色扮演，让学生自主进行教学设计，在这样的教学方式下，学生才是真正实现了自主阅读。

第六，学生智力开发方式发生了转变。传统的语文阅读课堂使用的是灌输式的阅读教学方式，可以快速提升学生的知识储备，但是对学生的智力开发来讲是不利的，没有办法开拓学生的思路，也没有办法让学生进行创新。改革之后的阅读教育注重学生智力的开发，强调学生的综合成长。所以，改革之后的阅读教学方法注重学生自主对问题进行探索、注重培养学生自主的问题分析能力，这有利于学生观察、分析、创新等方面能力的提升。初中语文阅读教学是至关重要的阅读教学阶段，对学生的独立思考性的培养至关重要。语文教师应该使用现代化的阅读教学方法去培养学生，开发学生的智力，让学生在掌握知识的同时也学会正确的阅读方法。

综合来看，阅读教学方法直接决定了阅读教学任务的完成情况，也会直接影响师生之间的关系，还会对学生的阅读能力的提升、阅读质量的提升产生重要影响。所以，语文阅读教学活动的开展必须制定科学的阅读方式，这样语文阅读教学才能是有效的、科学的。

2. 阅读教学方法的使用

初中阶段的语文教学要考虑初中生的特点。这一阶段正是他们的青春期，对外在事物有很强的好奇心，个性特征鲜明，信息接受能力强。在这一阶段的教学中，语文教师需要使用有效的教学方式去激发学生对阅读的兴趣，在使用语文阅读教学方法的时候，教师应该注重策略的运用。

第一，语文教师应该关注学生自主性。有很多语文教师在学生没有阅读完毕的时候就介绍了文章的中心思想、文章的立意及作者的情感。这样的教学方式极大地影响了学生的思考，阻塞了学生的阅读思路。初中阶段学生思维极度活跃，有非常旺盛的精力，对事物的见解也经常是独到的。所以，语文教师应该为学生设置足够的阅读时间，让学生真正进行自主阅读。语文教师还要适当地减少自己在教学当中的主导行为，以一种学生不太能感受到的方式去引导学生的自主阅读。在自主阅读过程中，学生可能会将自己的实际生活经验和阅读内容进行结合，以此来感悟作者要表达的思想、传递的情感。初中语文阅读应回避之前使用的"死读书，读死书"的阅读方式，开始培养学生独立自主的阅读意识。

第二，语文教师应该注重学生在阅读当中的自主思考。阅读需要学生重新对文本进行语言组织，还需要学生发挥想象去理解文章的主题情感。换句话说，阅读并不是简单的一问一答。所以，语文教师应该使用多种多样的方式和学生进行阅读方面的交流，重视学生在阅读当中的深入思考。学生在思考的过程中更容易产生情感和思维方面的火花。教师可以组织学生在阅读之后进行合作、讨论，让学生和其他的伙伴分享自己感受到的作者要传递的主题思想和情感。如果学生和伙伴有了不同的理解，教师也可以引导他们进行辩论。

第三，语文教师应该鼓励学生大胆地进行质疑。在初中阶段的语文阅读教学中，语文教师需要为学生设置和阅读内容相关的问题，让学生进行深入思考。如果语文教师从学生那里获得的答案和自己的标准答案不一致，那么不应该直接对学生说他们的思考是错误的。这种直接告知的方式不利于学生思考积极性的培养，而且，所有的个体本身就是独特的，对问题的看法必然会有所不同。在这样的情况下，正确的做法是引导学生对文章脉络进行分析，引导学生去体会作者的情感。不仅如此，语文教师还应该鼓励学生进行质疑，让学生自主提出问题，然后解决问题。这有利于学生独立思维的培养，也能够增强学生回答问题的自信心。

综上所述，语文教师在开展阅读活动的过程中不仅要考虑上面提到的三个基本要素或者说是基本要求，还应该在遵循上述要求的基础上积极探索，不断地创新语文阅读方法，吸取阅读教学经验，不断地为语文教学质量的提升努力奋斗。

第二节　初中数学教学

一、初中数学课堂单元教学设计

（一）初中数学课堂单元教学设计的关注点

初中数学中的单元教学设计是很重要的一个方面，教师在每单元开始就给学生做整个单元的知识点介绍，使师生做到心中有数，这需要良好的单元教学设计来支撑。例如，因式分解单元可分解为因式分解概念和分解方法两个部分，总体把握好整式乘法与因式分解之间的互逆关系。单元教学设计的呈现，让学生更加快速地理解和掌握本单元知识点，提升数学教学效率，从而提高学生的成绩。在初中数学的单元教学设计之中有什么样的注意点，以及如何进行科学有效的单元教学设计，对于单元教学而言是很重要的，应在单元要素分析以及单元教学目标确定的基础上，针对整个单元的教学内容选择适当的教学策略，进一步形成单元教学方案。单元教学设计所强调的是整体教学，要实现这个整体，需要从单元的宏观层面开始，逐层过渡到微观层面。具体而言，就是要将其细化为不同的阶段，每个阶段又要在一定的课时中去实现。

在单元教学目标确定之后，需要对单元教学流程进行分解。在教学流程设计中，在考虑到教学前后衔接的同时，又要照顾到每个课时之间的联系，从单元流程到课时流程要做到既有阶段性，又有知识的连续性。这样，单元教学的流程就在两个层次上展开，一个是单元整体流程，指的是整个单元的阶段划分以及在教学重难点、学情分析基础上对每个阶段课时的划分；另一个是课时流程，指在考虑每节课彼此之间及其与单元总目标之间联系的基础上，落实到每个课时的具体教学方案，在此基础上形成单元教学方案。

1. 单元教学设计实施的关注点

①单元教学设计不只是要结合书本，还要结合实际。初中数学的学习也是数学基础的学习，要为高中乃至大学的学习打下基础，所以单元教学设计需要向远处看，只是紧密结合书本的教学设计是远远不够的。在平时的课堂之上，教师还要向学生灌输多样的数学思想，这些都是书本上所不具有的知识。教师要通过讲授自己的解题经验以及实际的解题思路，传达给学生每个知识点所涉及的数学基本思想以及知识点之间的联系，提升学生的解题速度，锻炼学生的解题能力。

②教学设计要具有趣味性。传统的数学课堂采用的是"填鸭式"的教学方法，教师写板书和讲解，学生记笔记。这样的教学不符合当前的素质教育，教学效率显然存在问题。教师局限于就课论课，学生在课堂之上得不到交流，思想方法也得不到拓展，思维素质就得不到提升。所以，教师需要改善这样的教学方法，把单元教学设计得更具活跃性和趣味性，激发学生学习数学的兴趣，提升学习成绩。

③课堂设计还要注意例题的选择。初中数学的学习依靠的是例题的示范解析，学生在例题里学会各种各样的解题方法、解答步骤及数学思想。例如，一道经典的分类讨论的例题就能传达给学生分类讨论的数学思想；还要注重知识间的联系，再碰到类似习题，学生就有了解题的思路，解题的速度就能得到提升。在单元教学设计中，例题的选择要具有经典性、创意性和连续性，一些学生经常碰得到的

例题可以少量加入单元教学设计中；而一些具有创意性、思维性及拓展性的例题可以着重进行解析，让学生再次碰到这样的题目时不会手足无措。

④听取学生的意见和建议，改善单元教学设计。单元教学设计不单需要教师努力进行改良，学生也要积极参与，提出意见和建议，让教师及时得到课堂的反馈，从而改善设计方案，提升教学效率。这需要教师在课堂上多与学生进行互动，让学生对单元教学设计提出问题，教师悉心听取，让单元教学变成互动交流的学习平台。这样的单元教学设计能让学生学起来更快、更轻松，教师也省去许多板书的时间，从而提高教学效率。

2. 单元教学设计方法的关注点

①以学生为主体的教学设计。学生是学习的主体，初中数学的教学尤其要以学生为主体，提升学生的自主学习能力，提升学生的数学成绩。学生的主体性是不变的，单元教学方案的设计要紧紧围绕学生，让学生体验到数学的魅力，引起学生的学习兴趣。

②多媒体课件的教学设计。如今，黑板的板书比不上多媒体课件的讲解速度，所以很多教师乐于使用多媒体来进行授课。例如，在"图形的相似"这一单元的学习中，学生要掌握三角形相似的理念、相似三角形的各种性质和条件、在证明题中的运用等各种知识点。运用多媒体教学设计，可以节省课堂之上黑板作图解析的时间，多媒体课件能清楚地展示出相似三角形的性质。这一直观、简洁的数学教学设计能让学生学习数学知识的速度更快，掌握数学公式更加轻松，从而提升教学的效率，提升学生的学习成绩，但也要注意多媒体的合理应用。

③单元教学设计与情境教学法。合理的情境运用能让单元教学设计锦上添花。情境教学法是相当重要的一种数学教学方法，要让学生结合实际情境学习数学知识，让数学理念成为生活的一部分，巩固学生的数学知识。情境的运用需要结合当前的课堂内容，把数学问题转化为实际生活中碰到的案例，让学生进行探究，提升学生的自主学习和自主探究能力。

（二）初中数学课堂单元复习教学设计

初中数学单元复习课在初中数学教学过程中具有十分重要的意义，它的存在不仅仅是数学教学本身完整性的需要，还是初中生所处年龄阶段能力全面发展的需要。它可以更加系统、结构化地将每个学期所学习的数学知识进行有效的归纳整理，从而有利于学生更加深入地了解所学习的数学知识。此外，这种单元复习可以培养学生归纳总结的能力，这对学生各个学科的学习都是十分有帮助的。但目前的初中数学单元复习课在实践过程当中还存在着一些弊端，使得学校的复习教育达不到理想的效果。

1.单元复习课教学设计的问题

①教师在教学的过程中把过多的注意力集中在近期考试能否过关上，这导致学生无法从根本上系统地、全面地掌握好数学知识。例如，某记者曾经采访了几位初三年级的数学教师，记者问："练习课与复习课的区别是什么？"教师的回答大多是："基本上没什么区别，主要是通过做练习的方法来巩固知识。"这种复习的方法虽然在一定的程度上能让学生了解考试形式，但这种教学的方法使学生把过多的精力集中在表面的模仿和操练上，不利于学生从根本上掌握这些知识。

②因复习时间有限，教师会帮学生勾画重点。这致使学生丧失了自己独立思考的机会，所记的知识也不深刻，逐渐养成了抄笔记的习惯，忽略了培养自己独立思考和探索的能力。

③教学效率低，教师不能够很好地应对学生不同的思维方式、整理方法等。因课时有限，教师无法对每个学生的方法一一解释，使得有些学生的疑问得不到解答。

2.单元复习课教学设计的原则

单元复习课教学设计的原则如图3-2所示。

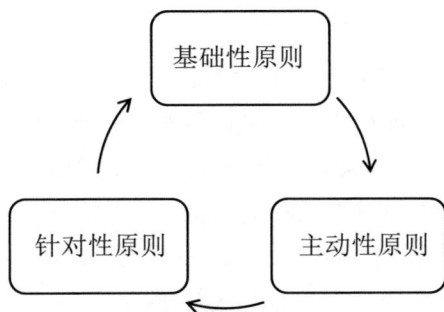

图3-2　单元复习课教学设计的原则

（1）基础性原则

注重单元教学知识在整个数学教学中所发挥的重大的作用。例如，在八年级第一学期数学课中所讲到的"几何证明"所蕴含的知识点很多，包括命题与证明，具体而言证明举例、逆命题和逆定理、角和线段的平分线、轨迹、直角三角形全等的判定、直角三角形的性质、两点的距离公式、勾股定理等内容。这些内容看似很散，却一点都不散。前面学的知识都是为后面学的内容做铺垫，所以抓好基础十分有必要。

（2）主动性原则

学生应自主地做好预习等工作，自主积极学习。

（3）针对性原则

教师应该在单元复习课教学过程中根据自己已经有的经验、每个学生的自身特点及他们在复习过程中可能遇到的问题做出指导。在复习的过程中，集中精力攻破盲点。例如，在八年级第一学期讲到的"几何证明"中，如果把命题与证明、勾股定理、直角三角形的性质、角平分线、线段的垂直平分线都掌握了，在每次做题时都能做对，问题主要是出在三角形全等的证明与判定上。那就要针对三角形全等这部分题进行反复操练与整理，直到彻底掌握这部分知识。

3.单元复习课教学设计的策略

①在教育教学过程中，教师要充分考虑到本单元的知识与其他单元知识的衔接，要让学生对本单元所要学习的知识有充分的理解和掌握，并且让学生学会迁移，在以后的学习过程中再遇到类似的题也能够解答。值得注意的是，在学生初期的学习过程中，教师要处理好自己有效指导和学生积极主动地参与之间的关系；在教学的过程中，教师要考虑到每个学生的特殊性，对不同水平的学生采取不同的方法，要鼓励学生多和教师或者同学交流讨论，学会吸收新的知识，用来完善自己。

②在初中数学单元课复习的教学过程处在中间环节的时候，要注重讲授知识点内部的结构性，这样更加利于学生灵活迁移运用知识点解决新的问题。此外，要及时让学生整理自己的思维方法，让学生积极主动地参与进来。

③在学生进入知识学习过程的最后阶段时，对所有的知识进行整体的分析，让学生更加清楚地知道这段时间所学的知识点，方便学生回顾，不容易落下知识点。例如，二次根式是初中所学到的代数式的最后一个内容。代数式只包括整式、分式、二次根式，这是初中所接触到的代数式的内容，而二次根式在这里面发挥着很重要的作用。复习好二次根式对整个知识网络的复习和回顾都很重要。在单元复习课中要对知识块进行整理，这样便于学生记忆，而且有利于学生整体、系统地掌握这块知识。在复习整理的时候要给学生足够多的时间，让学生们把每个学年学到的知识系统地回顾一下。此外，每个单元的知识是相关联的，所

以教师应适当地引导，让学生回想以前的知识，将整个网络串联起来，而且有利于学生接受新知识，就提高了学习效率。

单元复习课在整个初中数学学习过程中意义重大，搞好这个过程，在学生学习效率的提高和教师教学质量的提高方面发挥着不可替代的作用。但复习课并非单纯的知识的重述，而应是知识点的重新整合、深化、升华。复习课更应重视发展学生的数学思维能力，巩固旧知识是为了获取新知识；同时，要尽可能兼顾不同学习层次的学生，要让每个学生都有所得。让不会的学生会，让会的学生熟，让熟的学生精，让学生逐步走出"以题论题"的困境，达到"以题论法"的境界，从而实现"以题论道"，这就是复习课的最大宗旨。

（三）初中数学课堂个性化单元教学设计

个性化单元教学设计，顾名思义就是要在教学设计中体现个性化理念，根据现有教材，结合学生的具体差异对单元教学进行整体的优化和完善。设计要符合学生学习和成长的教学目标以及每一节课的具体目标，要让教学模式适合学生的个性发展，要让教学目标促进学生个体的成长。

在进行单元教学的个性化设计时，需要注意单元设计是整体设计。除了要在设计的各个环节体现个性化理念，为学生呈现个性化的教学内容之外，整体上的设计还需要体现出一致性、科学性的特点，整体目标要始终围绕单元总目标设置，内部的小目标和总体目标之间也应该始终保持一定的关联。以上两点就是个性化教学设计需要注重的方面。

初中阶段的数学学习已经体现出了更强的系统性、逻辑性，而且初中阶段的学生逻辑思维也有了一定的发展，这是学校能够进行单元教学以及个性化教学设计的前提。下面以"勾股定理"的教学为例具体进行探讨。

1. 整体分析，优化单元结构

勾股定理既涉及空间，也涉及图形。在学习勾股定理这一单元的内容时，学生既要学习勾股定理，还要学习它的逆定理及应用。勾股定理这个原理是对自然界规律的反映，它将直角三角形中每一条边之间的数量关系明示了出来，这种关系揭示了图形和数之间的密切关系，是非常重要的理论之一，应用在很多领域中。在学习勾股定理概念以及它的逆定理的过程中，学生可以更深刻地认识直角三角形，这个定理在日后的代数学习中也会用到。

在学习勾股定理之前，学生了解过直角三角形。所以，对勾股定理这一单元的学习是建立在学生以往的图形知识以及代数知识基础上的，能够让学生获得更加丰富的数学经验，能让学生的逻辑思维提高一个层次。而且，勾股定理的学习需要学生发挥自己的主动性。在初中阶段，学生表现出的特点是思维活跃、争强好胜，他们在知识的学习上有非常强烈的欲望，想要在学习当中表达自我，这非常符合勾股定理学习的需要。

2. 精细设计，优化课时教学

课时教学设计需要在参考整个单元教学任务的前提下开展，不同的课时之间应该注重内容的连贯性。遵照《初中数学课程标准》（以下简称《标准》）进行课时教学的设计能够让整本教材内容都得到优化整合，能够让教学内容实现从点到面、从局部到整体的连贯。与此同时，不同单元的教学设计还要体现各个单元的特色，要满足不同学生的学习需求。在目标的设置上要将目标细化，教学模式的选择也应该满足个性化需求，学习任务也应该设置不同的层次。换言之，课时教学应该进行精细化的设计，具体而言，我们可以从以下两个方面进行课时教学的优化。

（1）课时教学目标的设定

课时目标是对整个单元核心目标的分解，不同的课时目标形成了一个整体的目标体系，它们之间是连贯的，是为整个单元教学服务的。在设置课时教学目标时，不仅要满足学生对学习的个性需求，也要体现出目标的多样化，同时满足学生的基础学习需求和发展学习需求，还要让不同的教学目标之间有递进性和连贯性；又要使整个目标的设置和变化符合单元教学的需求，也就是所有的课时目标应该形成一个整体的体系，覆盖整个单元的教学内容。

在进行勾股定理单元的内容教学时，课时目标的设定如下：首先，分析勾股定理的定义，并且证明勾股定理；其次，学习勾股定理的逆定理；再次，分析勾股定理和逆定理之间存在的关联；最后，进行勾股定理以及勾股定理逆定理的应用，将定理应用在实际问题的解决中。

（2）学习任务的设计

设置学习任务，对于教学来说非常重要，为学生留学习任务主要是为了让学生探究问题，进行更深层次的学习，而且对问题的探究可以让学生在应用中学习数学知识。学习任务不同，就要使用不同的设计方法。具体而言可以从以下三个方面入手。

第一，学习任务的设计应该满足多样性要求。教师应该设置较多的学习任务，而且学习任务应该既有比较简单的，也有比较困难的，让学生在完成任务的时候有一定的自主选择权。

第二，应当为学习任务设置一定的时间限制，有了时间限制，学生才能对自己的问题研究进行合理的时间安排。

第三，学习任务的设计应该体现数学思想。

3. 多元评价，优化评价方式

在评价个性化单元教学设计时，要从多个角度进行，当前教学改革非常注重学生是否发挥了其学习主体的作用，在进行评价时也基本遵照这一衡量准则。而个性化的单元教学设计本质就是为了实现学生的个性成长，为学生提供更加多样、更丰富的教学活动，而且也非常注重对学生的多元性评价。在传统的学习过程中，评价学生主要使用的是考试成绩，但是现在的评价会涉及教师评价、其他学生的评价、学生的自我评价，而且在评价学生时，不仅会评价成绩，还会评价他的学习状态和学习态度。在优化评价方式环节中，时刻把握以下四个方面。

（1）注重过程性评价

教师不仅要关注学生的学习过程，对学生学习中的状态做出评价，而且还应该发布学习任务，测试学生对知识的了解与吸收程度，也让学生通过测试了解自己对知识的掌握存在哪些不足，教师要针对学生学习不足的地方及时进行辅导。在教学过程中对过程进行评价，对学生的促进作用是极大的，过程性评价能够让学生及时地进行自我反思，改善自身的问题。

（2）作业的弹性分层

除了关注学生的学习过程之外，还可以通过检查课后作业的方式、和同学交流的方式来了解学生，对学生作出更加个性化的点评。作业检测能够真实地测试出学生的知识掌握水平、学生的数学方法掌握水平。教师在设计作业时可以从以下三个方面入手。

第一，体现多样性。学生学习水平是有差异的，教师在设置作业时，应该让作业既包含简单的问题，又包含比较困难的综合性问题，体现出作业的多样性。

第二，体现分层性。处于不同水平的学生，可以有针对性地选择不同层次的作业。

第三，体现连续性。教师应该在每一节课程完成之后都布置相关的作业，作业还可以涉及下一节课的新内容，从而引发学生的探求欲望，通过作业连接不同的课时内容，发挥作业的过渡作用。

（3）单元测试的系统性

单元测试不是为了将学生放在不同的层次，也不是为了按学生的成绩进行排名，而是让学生和家长了解到学生目前的学习状态、学习需求，并且配合相应的措施，继续激发学生的学习潜能。单元测试可以让学生对自己整个单元的学习有清晰的了解，也能够让教师掌握学生整个单元的学习状况。设计单元测试时教师需要注意三个问题：首先，单元测试应该能激发学生的积极性，让学生进行整个单元知识的建构；其次，单元测试的题目应该是多种多样的，既要涉及基础题型，也要涉及能提升能力的题型；最后，单元测试应该能提高学生的主观能动性，引发学生对新知识的探索。

（4）对教学设计的评价

对教学设计进行评价需要建立科学的评价指标体系，依照科学的评价指标可以对各种各样的活动展开评价，而且科学合理的评价指标能够引导评价对象向着正确的方向发展。在进行评价设计时，主要从教学目标、内容、方法、模式、资源利用、氛围营造及评价七个方面展开。

在评价个性化单元教学设计取得的成果时，主要参考两个方面的内容：首先，要分析作业的具体完成情况，还要参考学生自己作出的评价，以及其他同学作出的评价，也就是要对学生的学习过程作出评价；其次，要通过单元测试对学生的成绩进行分析，换言之，要对学生的学习进行阶段性的评价。与此同时，教师也要对教学设计作出自己的评价，并且提出改进意见，从而提高教学效果。

二、初中数学课堂的有效性教学设计

教学作为一种有明确目的的认知活动，其有效性是教育工作者所共同追求的。有效教学是教师在达成教学目标和满足学生发展需要方面都很成功的教学行为，它是教学的社会价值和个体价值的双重体现。教学是人们对客观世界进行定性把握和定量刻画、逐渐抽象、形成方法和理论，并进行广泛应用的过程。

"有效性教学指的是在教学过程中，教师需要关注学生知识掌握程度，主要是以学生是否进步作为标准对有效性教学进行评价。因此在初中数学有效性课堂教学中，需要以学生为主体设计多样化的教学活动，并对学生自主学习能力、实践能力等进行培养，让学生主动地去探索数学相关问题。"[1] 对有效教学的理解主要有以下三个方面。

第一，教学需要促进学生的全面发展。教学有效性要以学生的进步和发展为宗旨。教学有效与否，要通过学生来体现。有效的教学应该关注学生的发展，教

---

① 包建新. 初中数学课堂教学的有效性提高研究 [J]. 当代家庭教育，2020（11）：65.

师必须树立学生的主体地位，具有一切为了学生发展的思想，在教学活动中促进学生的全面发展、主动发展和个性发展。

第二，教学需要改善学生的学习方式。教学有效性要以学生学习方式的转变为条件，促进学生有效学习，通过学生的自主能动学习，使学生有效学习，实现提高教学效率的目标。

第三，教学需要发展教师的教学效能。教学有效性的实现要以教师自身发展为基础。在平时教学中，特别在新课程理念下，教师需要变革教学观念，采取科学的教学策略，合理使用教学设备，实施教学计划，进行合适的教学评价，对教学行为进行反思总结。这种教师的专业成长的原因，就是从学生的视角来反思教学是否有效。

（一）初中数学课堂教学没有有效性的影响

1. 教师未能把握课堂

（1）教师目标达成度较差

部分教师在教学过程中仅仅关注到自己是否在规定的教学时间中完成了教学任务，并没有注意到自己的教学是否符合课程标准，能否使学生的知识、能力、情感态度、价值观等得到一定的发展，教学过程的实施是否与学生的心理特征相符合，与其认知水平相适应，更无法注意到学生的差异。

（2）学生参与热情不高

教师不能很好地调动学生学习的热情。学生对整个教学过程参与的积极性不高，对于教师提出的问题不能主动深入地思考和探讨，仅仅是被动地接受知识，整体课堂气氛较为压抑，教师教和学生学是相对孤立的过程，没有很好地融合。

2. 教师过分主导课堂

长期以来，人们已经习惯了以教师为核心。虽然教学改革一再提出要以"教师为主导，学生为主体"，但仍然有教师满堂讲，使教师的主导地位错误地占据了课堂的主要位置，使学生处于被动的地位，成为客体。由于教师过分主导课堂，忽视了师生的交流，往往会对学生听进与否、听懂与否都不清楚。学生更无法及时表达自己的见解，疑问自然无法得到解答。满堂灌的形式不是围绕学生的需要来组织教学的，而是完全按照教师的设想不出一点差错地进行。统一的格式、统一的答案、统一的思维模式，教师怎么教，学生就怎么学，思维被完全固定在一个狭小的范围内，缺少自我思考、自我内化的过程。这样的课堂看起来很"完满"，但事实上在学生中会存在很大的问题。

3.教师评价的不科学

挫伤学生自信心的事，经常会发生在课堂教学过程中。一个问题提出来，优等生会积极思考，主动举手发言；中等生会自己思考，教师不叫他就不会发言；成绩差的学生会把头低下，生怕教师请他发言。一方面，有的学生的确不会，另一方面，原因是怕错。教师一句不当的训斥或讽刺，就会极大地挫伤学生的心灵，让学生失去自信。每个学生学习能力会有差异，在优等生看来非常简单的问题，也许对有的学生会非常难，这就需要教师作出一个科学的评价。新课程标准中强调，评价必须首先尊重学生、理解学生，让学生在评价过程中体验成功的喜悦，获得成功的感受，让评价从"甄别"走向"发展"。

(二)初中数学课堂教学有效性的提高

1.准备阶段的设计提高

教师若能设置具有启发性或者趣味性的问题或故事，开讲时就创设悬念，学生就会被激起求知欲望，从而创造良好的学习氛围，为授课的成功奠定良好的基础。导入的好坏对一堂课的成功与否往往有着重大的影响。教师应该用最精练的语言，以最短的时间，选用最有效的方法，把学生调整到最佳的学习状态。这一环节也是学生认知过程的心理需要。在教学活动开始之际，学生普遍存在上好课的心理，但是这样的心理既强烈也短暂，利用这样的机会帮助学生尽早进入上课的状态很有必要。

例如，利用电视拍摄的运动员跳水的画面，让学生充分感受当观察事物的角度不同时，对事物的认识也会不同，从而引入"从不同方向看"这一学习课题，通过生活化的事例引入，激发了学生学习的兴趣和热情。

又如，在讲授"数轴"这部分内容时，教师应注意到数轴对于初一学生来说是一个完全陌生的概念，如果突然引入会让学生无法理解，所以可以用一个生活中经常能见到的温度计来引入。一来温度计的形象和数轴有很大的相似之处，学生能从熟悉的温度计的正负刻度自然过渡到数轴的三要素：原点、正方向、单位长度。二来使学生通过温度计联想到刻度尺，进而发问"为什么刻度尺没有负值"，从而进一步引出绝对值的概念。这个引入看似简单，但实际用意很深，也利于学生接受，在教学中确实收到了良好的效果。

不同的教学内容需要设置不同的教学情境。在课堂教学中，教师应选择相对直接、学生易于接受的情境，为学生搭建一个良好的学习平台，引导学生参与探究问题的过程，让学生感悟和掌握数学的思维方法和策略，促进数学的学习。

2. 实施阶段的设计提高

（1）教学方式合适，培养学生能力

新课程的实施带来了课堂教学的众多变化，它强调教学过程是师生交往，共同探讨的互动过程。师生共同交流活动已成为课堂教学的主流，于是课堂上越来越多地出现了合作学习的局面，似乎所有教师的公开课上都得出现小组合作这一环节，否则就是有缺憾的。但小组合作也并非适合所有课的教学。例如，在进行"一次函数图像"教学时，就没有必要硬生生地加入小组合作。因为这部分内容更强调自我对图像的探索和挖掘，单纯的小组合作仅仅让学生的讨论流于形式，起不到深入研究培养探索能力的目的。

（2）提问准确高效，开拓学生思维

学习数学的过程本身可以看成是提出问题和解决问题的过程，提出问题是解决问题的基础，解决问题的过程本身就是由不断提出问题组成的。数学教学尤其是课堂教学就应该是以解决问题为核心的教学，是师生双方共同设疑、质疑、释疑的过程。课堂提问则是数学课堂教学展开的重要形式，是思维训练的必要方法。

提问要具有准确性和高效性。教师提问时要准确、具体，不要模棱两可，更不能出现歧义；问题本身也要是高效的，不能过难，不能超出学生的能力范围，使得学生不会回答；问题也不能太容易，如果问题的答案仅仅用"是"或"否"就可以表达，那学生的思维过程就大打折扣。提问刚起步时要给予宽广的范围，让学生能够充分拓展思路。当教师期望学生能够回答得更准确时，可以把问题的宽度变窄，让学生针对性更强地回答问题。教师在提问时要注意语言动作神态的亲切性，给予学生充分的鼓励。

例如，在"一次函数的应用"这节内容引入"一辆汽车在普通公路上行驶35 km 后，驶入高速公路，然后以 105 km/h 的速度匀速前进。当这辆车的里程表显示本次出行行驶了 175 km 时，说出在高速公路行驶了多少时间？"当出现这个问题时，绝大多数学生会想到用算术方法。如果这样就很难与本节课的课题相联系，于是增加"这里什么是不变的量""在高速公路上行驶的路程和行驶时间之间有怎样的关系""如何列出关于在高速公路上行驶的路程和行驶时间的关系式"这样的提问让目标更加明确，针对性也更强。

（3）优化练习设计，提高整体效果

很多教师在布置练习时常常使用课本或练习册上的习题，有的抱着多多益善的思想，每天布置大量的、不加选择的作业，把本应该是运用知识解决问题、培养能力的过程变成了无效劳动、反复操练的过程，让学生陷入"题海战术"中。教师应优化练习设计，提高学习效率，让数学练习真正发挥作用，从而促进学生知识和能力增长就显得尤为重要。

设计时，注重教学内容的拓展和在知识体系中承前启后的作用，适当安排"一题多解"的习题，有计划地安排一些开放题，拓展学生的解题思路，提高运用知识的能力。同时，注意练习的多样化，可以采用个别问答、抢答，小组竞赛的方式调动积极性。在进行练习设计时，考虑到不同层次的学生的情况，进行分层次作业或弹性作业，在练习数量和质量上给学生机动空间，做到"一般学生巩固，好的学生吃饱，整体提高"的教学效果。

3. 评价阶段的设计提高

提到评价肯定会联想到分数。作为教师，要让自己的教学具有高效性，就得转变观念，将评价看成两个层面。一方面，教师对学生的评价，在新课程标准中，提倡将教师对学生的评价从"甄别"走向"发展"，可以采用记录学生各种进步、反映学生参与课堂教学过程和解决问题的思考过程的"档案袋评价"等；另一方面，学生对教师的评价，要及时听取学生对教师课堂效果的评价，不断改进教学方法，这样才能真正做到教学相长，实现教学的高效性。

三、初中数学课堂的问题驱动型教学设计

数学学科的发展是由问题来推动的，实施问题驱动型教学，只有教师设计好的问题，才能启发学生从数学的角度提出问题。基于此，教师在教学中应该先有问题意识，在适当处设"问"，才能培养学生的问题意识。

（一）初中数学课堂中问题的认知

1. 问题的价值与特性

（1）问题的价值

在数学教学的过程中，数学问题可以激发学生的好奇心，帮助学生发散思维，也可以检验学生的探究实效，更好地激发学生的学习动力。如果学习没有动力，就很难坚持下去。

第一，问题是创新的起点。判断一个人是否成功，可以观察他是否有提出问题的能力。因此，我们说问题是创新的起点。只有发现问题，找出问题所在，才能有目的、有步骤地找到解决问题的方法，从而得出结论。提出问题是创造过程的第一步，没有问题就迈不出这一步，更不用提创新精神和创新能力了。纵观人类历史，从哲学的发现，技术的从无到有、从有到优，科学的发明等都是从发现问题开始的，所以培养学生的创新精神也需要从问题开始。

第二，问题是兴趣的动因。兴趣是最好的教师。虽处在同样的学习环境下，但学习效果是因人而异的。个人素养是影响学习效果的一个重要因素，但更重要的还是学生对学习是否有兴趣。问题是最容易激发学生学习兴趣的。学生对这个问题产生好奇心，有想解决这个问题的欲望，学起来就更加积极主动，充满激情。同样，创新精神的培养靠的是兴趣的支撑，而兴趣的最大动因就是问题。"学起于思，思源于疑"，"疑"指的就是问题，是引起兴趣的动因，是激发学生探索知识和学习的动力的因素。

第三，问题是数学课堂的心脏。在数学课堂上，如果没有了问题，学生也就丧失了思考的能力。如果教师在课堂教学中只会用简单的"是不是""对不对"来展开对话，这种没有思维含量的问题充斥数学课堂时，学生的智力便会逐步弱化。只有不断发问，才能把知识的逻辑结构与学生的思维过程有机地结合起来，帮助将知识的逻辑结构转化为学生的认知结构。课堂上只有提出问题，才能更好地引导学生主动探索、体会数学的内在规律。

第四，问题是数学活动的载体。数学课堂是教师引导学生积极主动地参与学习的场所，教师应该在课堂上引导学生发展思维，就目前而言，许多数学教师习惯以简单的记忆、练习、实操来替代学生的主动思考。没有学生积极主动的思考，或者说没有学生思维的深度参与，这样的课堂教学算不上有效的教学活动。因此，教师在备课时要设计科学、合理的问题，通盘考虑各个教学环节，精心设计有效的课堂提问、创造问题情境、在教学中生成恰当的问题。有了问题，就需要引导学生主动思考和对话。通过解决问题，学生的思维就"动起来"了，课堂教学就"活起来"了。在解决问题的过程中，又会不断发现新的问题，新的问题的发现又能促进对原来问题的进一步理解。换句话说，随着新问题的提出，思维又向前推进了一步。因此，问题是数学思维活动的结果。思维从问题开始，随着思维的进一步推进，又导致新的问题的产生，在这个大循环中，学生的数学思维得到了发展。

（2）问题的特性

第一，问题具有疑难性。现代汉语词典对"问题"的解释是："需要研究讨论并加以解决的矛盾、疑难。"困难就是问题，哪里没有困难，哪里就没有问题。一个涌上脑际的念头，倘若毫无困难地通过一些明显的行动就达到了所求的目标，那就不产生问题。然而，倘若想不出这样的行动来，那就产生了问题。

第二，问题具有可解决性。要解答一个数学问题会遇到一定的困难，但没有解决不了的难题。通往真理的道路不是一帆风顺的，真理是指引人们前行的灯塔，当学生踏上成功的彼岸，将收获成功的喜悦。

第三，问题具有思维性。数学思维指的是通过发现问题、解决问题从而对现实生活中的空间形式和数量关系产生一般性认识的过程。解决数学问题就要用到数学思维，问题为思维的形成指明了方向，解决问题则成为思维的目的。数学思维过程就是不断提出问题、解决问题的过程，数学知识来源于生活，是思维活动的结果，数学知识体系是发展数学思维的体系。因此，数学问题决定思维活动的全过程，没有数学问题就没有数学思维。

第四，问题具有驱动性。问题在数学学习中是十分重要的。然而，许多教师对问题含义的理解十分模糊。有些教师把问题等同于数学习题，等同于提问。实际上，在数学教学中，"数学问题"是为引导学生发现数学知识、探究数学规律、建立数学体系、运用数学而营造的一种心理困境，这种困境是学生有目的地追求而尚未找到适当手段解决的状态。所以。数学教学中的"问题"是有驱动性的。

2.初中数学课堂的问题驱动

数学的研究和发展离不开实际问题的驱动。和其他所有学科一样，数学是从人们的实际需要中产生的。纯数学是以现实空间的形式和数量的关系为对象的，这些资料表现于非常抽象的形式之中，这一事实只能在表面上掩盖它的来自现实世界的根源。郑兰在《基于问题驱动的数学建模教学理念的探索与实践》中提到：现代认知心理学关于思维的研究成果表明，思维通常是由问题情境产生的，而且以解决问题情境为目的。学生的创新意识正是在问题情境中得到激发的。所以，教师在进行教学时，要精心设计问题情境，引导学生自觉、主动地去探索与分析问题直到最后解决问题。

美国数学教授戴维斯在一篇题为《我们所做的数学是我们所教的数学吗？》中尖锐地指出：现在多数数学教学通常采取的授课路线是"演讲—记忆—测试"，这种数学教学已经严重偏离数学的本质。因此，数学教学的本质是以不断地提出问题并解决问题的方式来获取新的知识，培养学生的创新思维和创新能力的过程。所以，数学教学离不开问题的驱动。换言之，基于问题的课堂才是真正的数学课堂。

建构主义强调学习的主动建构性、社会互动性和情境性。建构主义学习理论认为，学习不是由教师向学生传递知识，而是学生主动建构知识的过程。不能让学生被动地接受知识，而应该让学生带着真实的任务去学习，主动建构自己的知识体系。通过新旧经验的相互作用，丰富自己的学识和理论知识，让学生在具体学习情境中探索解决问题的方法，锻炼解决问题的能力，激发和维持学生学习的兴趣和动机。所以，问题驱动也顺应了这一学习理论的要求。

问题驱动可以理解为一种教学方法，也可以理解为一种教学策略。它是一种以学生为主体、以各种问题为学习起点、以问题为核心规划学习内容、让学生围绕问题寻求解决方案的学习方法。

在初中数学课堂上，问题驱动就是指教师在课堂教学中以一系列问题为载体，通过学生的独立思考、自主探究、合作讨论等方式来解决问题，从而达到学习数学知识、掌握相关方法、提高学生数学思维能力等的一种教学方法与策略。

初中数学课堂上的问题驱动通常包括创设情境、提出问题、探究交流、解决问题、意义建构、知识应用、拓展提升等主要环节。因为有明确问题的提出，所以这种教学方法与策略给学生的课堂学习提出了明确的要求，能增强课堂教学的目的性，对学生的学习具有导向性。同时。在解决问题的过程中，需要通过师生之间、学生之间的思维交流，把学生对问题的认识、理解、解法等都表达出来，从而发挥学生的主体作用。所以，这种教学方法与策略能提高学生学习的主动性，提高学生在教学过程中的参与度。

实施问题驱动，要求教师在课前备课时将要学习的内容转化为一个个的问题，课堂上让学生在解决问题的过程中自然地掌握所要学的知识、方法与思想。与传统教学中讲授者角色不同的是，教师在此教学方法中的角色是问题的设计者、问题解决的参与者和意义建构的引导者。所以，这种教学方法与策略对教师的要求更高，需要教师具备较强的知识理解能力和课堂掌控能力。

（二）基于问题驱动的初中数学问题设计

问题驱动离不开课堂问题这一重要的载体，问题在数学的学习中有着举足轻重的作用。

1. 问题情境的创设

关于问题情境，目前出现的理解较多，概括起来有两大类：问题—情境、情境—问题。问题—情境指先有数学问题，然后是数学知识产生或应用的具体情境；情境—问题指先有具体的情境，由情境提出数学问题，为了解决问题而学习数学知识。其实，两种理解没有实质上的区别，核心都是通过问题情境提出问题，情境与问题融合在一起，问题是教学设计的核心。

从教学内容看，问题情境大致可以分为实际背景、数学背景、文化背景等。实际背景包括现实生活的情境数学模型（概念、公式、法则），数学背景包括数学内部规律、数学内部矛盾，文化背景可以分解为上面两类。

从呈现方式看，问题情境包括叙述、活动、实物、问题、图形、游戏、欣赏等。

从所处的教学环节看，问题情境包括引入新课的情境、过程展开的情境、回顾反思的情境等。

（1）问题情境的创设技巧

现在越来越多的教师开始重视问题情境的创设，在创设问题情境时可以利用数学的特点，例如历史悠久、内容丰富、应用广泛、背景现实、方法精巧等。

第一，贴近生活，创设亲近型情境。可以从学生日常生活出发，运用学生熟悉的素材来创设情境。课前，教师可以和学生一起交谈，了解他们的日常生活情况，如家庭趣事、熟人熟事、校园生活、班级情况等。这类情境最易引起学生的共鸣。

第二，巧妙举例，创设载体型情境。教师可以通过举例子的教学方法，给出具体和恰当的实例，化陌生为熟悉，化抽象为具体，让复杂的事物简单化、浅显化，学生更易读懂，能快速进入状态。

第三，善用对比，创设引导型情境。教师可以先给出一个错误的结论，从而引入正确的知识；或者提供可类比的情境，达到知识迁移的目的；或者创设有矛盾的情境，引起学生的认知冲突。

第四，活动演示，创设游戏型情境。教师可以结合教学内容，利用游戏、竞赛或 PPT 演示的方式，促进学生在游戏型情境中主动思考。

（2）问题情境的运用策略

第一，灵活创设情境。不仅课前导入时需要创设情境，课中也需要创设情境。

第二，把握展示时间。情境的展示时间不宜过长，一般控制在5分钟之内比较适宜，否则有喧宾夺主之感，会冲淡教学主题。

第三，适当重复使用。重复使用可以提高使用率，在不同阶段使用同一个问题情境，必要时可以适当改造一下，也是一种经济的做法。

第四，提高教学实效。创设情境最终是为了提高教学质量，更好地展开教学。情境的使用应该符合教学的实际需要，如果牵强附会、生搬硬套，反而会削弱情境的价值。

2. 问题串的设计

（1）问题串的使用价值

所谓问题串，指在教学中围绕具体知识和目标，针对一个特定的教学情境或主题，按照一定的逻辑结构而设计的一连串问题。问题串也称问题链，是指满足三个条件的问题系列：指向一个目标或围绕同一个主题，并成系列；符合知识间的内在逻辑联系；符合学生自主建构知识的条件。在课堂教学中，针对具体的教学内容和学生实际，设置准时且适度合理的问题串，不仅可以引导学生步步深入地分析问题、解决问题、建构知识、提升能力，而且能优化课堂结构，提高课堂效率。

（2）对问题串设计与使用的感悟

第一，问题串的设计要符合学生实际。创设与运用问题串是一种教学策略，是为了启发学生自主建构知识。学生是学习的主体，问题串的设计当然需要适合学生的学情，一方面要符合学生的认知规律，另一方面要立足于学生的数学基础，分情况采用不同的问题串。对于基础比较薄弱的学生，在设计问题串时不可起点过高、难度太大，可以选取答案较单一、步子慢些的问题串。针对不同层次的学校与班级，即使是同一个主题的问题串，侧重点也应有所区别。

第二，问题串的设计要符合教学原则。一是问题设计难度应适宜。如果问题太简单，则学生不用思考就可以得出答案，那么学生就会觉得没有意思。如果问题太难，学生就会回答不上来，这样容易挫伤学生的学习积极性。问题的设计应符合最近发展区原则。二是设计的问题要具有层次的递进性。问题与问题之间应有一种层层递进的关系，由易到难，由浅入深，引导学生深入地思考。三是问题串的设计要有明确的意图。问题串的设立要有明确的目标，通过解出一系列的问题便可让学生自我建构出相关的数学概念或原理。四是问题的设置要具有自然性。设计的问题要自然，不能让学生感觉过于生硬，太过突兀，琢磨不透是怎么想到这个问题的。

第三，问题串的设计要把握好"度"。首先，把握好问题的梯度与密度。梯度过大或者密度过小，容易造成学生学习上的思维障碍，不利于教学的顺利推进；相反，梯度过小或者密度过大，产生的思维量过小，会损害思维的价值。其次，要把握好问题的启发与暗示度。过度启发，暗示太多，学生主动思考的机会便少；启发太少，暗示不够，学生就回答不出来，课堂便不够活跃，也会影响教学效果。最后，要把握好问题的开放与封闭度。如果问题过于开放，答案就会五花八门，甚至答非所问，可能教师都无法判断对错，难以对教学起到有效的引导；但如果课堂的提问枯燥乏味，学生的创新思维就得不到应有的锻炼，甚至导致学生对学习失去兴趣。

3. 将教学目标转化为课堂问题

实现预期的教学目标是每节课教学的目的所在，而教学目标的达成既不是通过投影片的播放来实现的，也不是通过学生的朗读来实现的，而是在教师设置的教学氛围及教学活动中自然实现。

在教学中，如果把教学目标转化为恰当的问题，用问题来驱动学生主动学习，能将学生推到解决问题的前台，凸显学生的主体地位，是一种值得肯定的教学方法。把教学目标转化为有效的课堂问题具体有以下方面。

（1）将知识型目标转化为课堂问题

数学概念的产生与发展应是合理的、水到渠成的。如果直接将数学概念介绍给学生，将会掩盖其自然性，不能使学生在情感上产生共鸣。另外，数学中有许多定理、性质、法则、公式等结论是解题的依据所在，如果直接将这些结论告诉学生，他们也能去解题，但那仅是肤浅的模仿与机械的运用，不利于学生数学素养的养成。所以，对于数学概念与结论的教学，宜创设一定的问题情境，并配上合理的问题，以促使相关知识的自然生成，数学概念与结论的教学目标不妨统称为知识型目标。通常，将知识型目标转化为课堂问题有以下几种类型。

第一，转化为概括性问题。数学概念的教学，很多情况下可先列举几个具体的例子，然后提出问题，让学生从中抽象出其共同属性或特征，进而得到相关的数学概念。这时，常见的提问手法是"它们有何共同的特征？"

第二，转化为直接性问题。有些知识目标本身就可以直接转化为问题，改变一下表述语气即可。

第三，转化为类比性问题。数学同一知识块甚至不同知识领域内存在着一些结构相同或意义相近的概念或结论。在教学中，有时可寻找已学过的旧知识作为参照对象，通过类比的手法得到新的知识。

第四，转化为领悟性问题。有些数学概念与结论比较抽象，蕴涵着一定的道理，而这些道理并不是很直白，需要学生去深刻理解与体会。对这种数学知识的教学，宜在给出问题情境后设置一些领悟性问题，引导学生建构出相关的知识。

第五，转化为递进性问题。有些数学概念与结论的生成并不是很简单的事，需要教师进行必要的引导。对这些数学知识的教学，可设置一连串问题，层层递进，当所有问题都得到解决时，相关的数学知识也随之而生。此时，可用"问题1，问题2"的形式来设计问题。

第六，转化为发现性问题。对于一些学生能够独立完成或合作完成的探究活动，创设问题情境之后，可直接提出"你从中发现了什么"或"你能得到什么样的结论"以生成相关的数学结论。

第七，转化为比较性问题。为了让学生更好地把握数学知识之间的关系，清楚它们的联系与区别，有时可将多个类似或相近的数学知识放在一起进行比较。

第八，转化为辨析性问题。为了让学生更好地理解数学概念或结论，揭示数学知识的内涵，警示一些注意点，在知识生成之后，可设置一些辨析性问题让学生判断。

（2）将素养型目标转化为课堂问题

培养学生的数学素养，促进学生发展是数学教学的立足点。数学素养的培养，应贯穿整个课堂教学，侧重教会学生如何分析问题与解决问题，并在适当的时机给学生创设提出问题的平台。数学课上，将素养型目标转化为课堂问题的常用策略如下。

第一，转化为追问性问题。数学学习的一个重要的素养目标就是学会理性思维，为了让学生养成良好的理性思维习惯，提高师生交流的有效性，教师可以巧妙设计一些追问性问题，这样不但可以纠正学生的错误答案，也可以把学生对问题的认识推向深入，从而加深学生对问题的理解，促进师生之间、学生之间有良好的互动效果。

第二，转化为发散性问题。数学学习的另一个重要素养目标就是培养发散性思维能力，该能力的习得离不开发散性问题的设置。数学课堂上，教师可以适时提问一些发散性问题，例如"谁还有不同的看法""还有谁有不同的做法"等，对学生的全面发展能起到促进作用。

第三，转化为反思性问题。教学中要引导学生学会反思，学习一种新知识、一个新方法如何内化成学生自己的知识，多进行反思可以促进学生的认识从被动接受到主动吸收，从模仿教师中找到更适合自身的方法。如何提炼思想、总结方法、警示注意点就是很好的反思性问题，所以，数学教学中经常设置反思性问题，可以提升学生的数学素养。

4.课堂问题思维价值的提升

（1）整合优化碎问

对一些零碎的问题进行恰当整合，将问题的共同属性提炼出来，尽量把多个性质相同或相似的问题整合成一个大问题，这就是优化碎问的策略。问题变少变整了，提示语素减少了，可以发散学生的思维。

（2）适当添加缀问

数学教学提问方式有许多种，难题浅问、浅题深问是常用的提问策略。对经典的不便轻易改动的浅问，可以在其后缀上一问，提升思维含量。教师要经常采用恰当合理的缀问，既要保证问题前后的关联性，又要能引导学生积极参与到思考与探究过程中。

（3）适时进行追问

追问是保证初中数学课堂教学有效性的实用方法之一，教学中为突出问题的价值，教师可以在解决问题的过程中适时地加以追问，通过追问挖掘出问题本身的价值。适时追问，可以提高课堂的教学效率。

（4）升华处可置问

当课堂进行到可以对相关知识点进行合理升华的时候，教师要及时置问，营造研讨的课堂氛围。因此，教师在备课时就要深入挖掘教材，认真研究与考虑，在什么地方升华，何时发出置问，查缺补漏。

（三）初中数学课堂教学中的问题解决

除了好的课堂问题，问题价值的体现还要看解决问题的过程能否将其充分发挥出来，所以问题的解决也是课堂教学的重要环节。

1.问题探究要建立在充分体验的基础之上

如何有效开展课堂的探究活动的确是困扰广大一线教师的实际问题。众所周知，从学生长远发展的角度来看，要经常组织一些课堂探究活动，但这样做会影响正常的教学进度，因为探究活动组织得不好就会出现冷场的现象。

（1）找准合适的探究切入点

在教学过程中，教师应尽量设置一些探究活动，使学生的学习过程成为在教师引导下的"再创造"过程。但抽象思考往往会使学生感到无从下手，所以课堂探究活动必须依赖直观的载体作为探究的切入点。

（2）确定给力的探究着力点

学生是探究的主体，只有让绝大多数学生能参与进来的探究才是真正的探究，所以问题的设计要从保护学生的积极性与提升学生的信心入手，不能刚开始就打击学生的自信心。为此，教师需要确定好探究着力点。探究宜从体验开始，让学生在体验中找感觉，并逐步感悟到其中的道理。

（3）突出切题的探究核心点

学生的探究活动应围绕一节课的核心内容展开，即通过问题的引导，要让学生自己能够建构出相关的概念或结论。

（4）挖掘隐含的探究活力点

有时，一个不起眼的内容也能激发学生的探究热情，增强课堂的探究活力。所以，作为教师，一方面要更新自己的教学理念，另一方面也要善于挖掘这样的探究活力点。

总而言之，只有让学生先行体验，课堂探究活动才能得以顺利开展。另外，在进行问题探究时，我们既要相信学生，更要了解学生和顺应学生。

2. 问题解决过程中教师的作用

在"问题驱动"下的课堂教学中，教师的主导作用不是削弱了而是增强了，其作用主要体现在以下方面。

（1）营造氛围

"问题驱动"下的课堂教学是以学生主动参与学习为前提的，这有赖于团结互助的学习环境。为此。教师要营造民主、宽松、和谐的课堂氛围，以有利于学生能动性的发挥。

（2）调控启发

在课堂教学中，教师不仅要运用各种途径和手段启发学生的思维，还要能接收从学生身上发出的反馈信息，并及时做出相应的控制调节。对于学生普遍感到有困难的问题，教师要给予恰当的启发。

（3）个别指导

因学生个体存在差异，在自主学习的过程中，有的学生会出现这样或那样的困难，此时，教师可以进行个别指导。个别指导的过程要体现出教师的爱心、真心，这有助于师生之间的沟通交流，有助于形成和谐的课堂气氛，往往能产生意想不到的教学效果。

（4）反馈评价

对于从学生那里获得的反馈信息，教师应做出及时而准确的评价。教师恰到好处的表扬与赞许能使学生的思维活动得到强化，而教师恰如其分的批评或否定，也会使学生的错误思维得到及时纠正。

3.课堂问题解决过程中需要注意的问题

在课堂问题解决过程中，通常要注意以下方面的问题。

（1）迟现课题

在新教授的课程中，太早出现课题就会对学生产生提醒，进而会减弱问题的研究功能。因此，在授课时应等到有关原理、观点产生之后再将课题逐渐展示出来。如果需要做课件，在开头时也不应展示出课题。

（2）不要预习

如果是新授课程，学生进行课前预习，就会让学生在不恰当的时间说出新学的原理、观念，就会使知识的自然形成受到阻碍。并且，学生还会在不动脑的情况下清楚问题的答案。故学生的预习不应被安排在新授课上。

（3）明确问题

如果需要取得探索的成效，教师应吸引学生的注意，例如说"请思考问题××"或"请同学们回答一下这个问题"等；同时，教师的问题应该显眼明了，表述时应简洁精炼，不重复，尽可能使用投影展现问题。

（4）充分思考

教师在给出问题之后，务必给学生充足的时间让其思考。通常而言，值得探索的问题一般思考时间都多于一分钟。在学生进行思考时，应尽可能地不去提醒，免得约束学生的思想。如果是合作学习，那么应给学生单独思考的时间，然后再进行合作交流。

（5）及时评价

教师应及时对学生的答复作出评价。教师不仅需表明学生的回答是否正确，还需要深入地点评其思维状况，例如，学生的思想是否可行、是否恰当等，并且，教师应该从勉励的角度去肯定学生的想法。

（四）初中数学课堂的问题驱动设计实践

1.实践问题驱动的体会

问题在数学中的重要作用是尽人皆知的。有了问题，思维才可以创新；有了问题，思维才拥有动力；有了问题，思维才有了方向。所以，在教学时，需要依照教学的内容、学生的认知规律去制造问题，充分发现问题的思维价值，运用问题激发潜能，使学生在问题中强化理解；运用问题促使知识增加，使学生在问题中探索；运用问题展现思想，使学生在问题中领悟。

（1）提炼核心问题，突出研究思想

从人类的文明发展史可知，人类的思想是促进人类社会进步的动力源泉。古往今来，杰出的思想家一直都是引导人们逐步走向自由、幸福、和谐、光明的灯塔。同样，思想的支撑、引领也能够推进数学的发展。该思想不仅指详细的数学思想，还指哲学思想、行动策略、研究策略等。唯有提取每堂课的关键问题才能够有效地显现这些主要思想，使学生能够在相关问题和问题的解决中体会其思想，这是可以大力推崇的做法。

（2）设计引导问题，加快知识生长

数学的概念多数较为抽象，入门者有时候会觉得内容较为令人费解、概念来得太过突然。知识是逐渐形成的，能力不断提升与知识不断累积的过程是学习的过程，学生在原有的基础上才能学习新的知识，对于新知识的理解渐渐从零碎至完整、从朦胧至清楚，并能汇入原有的知识体系中。建构主义认为学习是学生的经验体系在特定环境中由内向外的形成过程，以学生原有知识经验为基础来完成知识的架构。因此，教师在日常的教学中，倘若注重发现知识的自然性，使新知识能够在以往的知识中显现出来，就非常容易被学生理解了。

实际上，学生在理解新知识时，并不缺乏所必需的已有经验和知识，然而，学生却不能积极主动地架构出新知识，这关键在于他们缺少所必需的问题去指引。故数学新授课的关键就在于教师需要设计出一系列适合的问题去指引学生来探究，推动新知识在学生原有的知识中自然形成。

（3）确定生成问题，激发智慧潜能

数学教育需要培养学生主动提出问题、思考问题、解决问题的习惯。然而，提出问题经常比解决问题更关键。因此，新课程提倡的重要的教学理念就是问题的动态生成，这应是教师主动追求的境界。所以，以下三点是教师在授课中必须去做的。

第一，需确立"一帆风顺、风平浪静的课程不一定是好课"的理念。

第二，积极主动地创造机会让学生提问，激发出学生的内在动力、质疑问题的勇气。

第三，充分解答学生的疑问，并得出清晰的结论，使学生在问题中不断成长。

2. 复习课中问题驱动实践

初中数学备考的一个重要任务是帮助学生构建知识网络和方法网络，提高学生的解题能力。在初中数学复习课上，通过问题驱动的方式来达成这些目标需要做到以下方面。

（1）递进性问题的设置

第一，运用递进性问题去总结知识的产生过程。初中学生多数只了解定理、法则、公式、概念等的含义，却不清楚这些含义的形成原因。故教师在数学复习课上，应设计出递进性的问题，展现出知识的产生原因，显现出他们的探索思想。

第二，运用递进性问题固化常规的解题想法。多数学生在数学一轮复习中，对常规问题的解决还是十分费解的。这个时候就应设计递进性的问题，让学生固化常规的一些解题想法，形成有规律的解题思路。

（2）对应性问题的设置

第一，利用对应性问题促进学生对概念的理解。解题的出发点就是数学概念，在复习时，初中数学教师应设计相关的问题去加强学生对于这些概念的认识，并且这些问题应和知识相对应。

第二，运用对应性问题推进体系方法的建立。教师在数学复习课上，对于解题方法较多的问题，应将和每一种解法相应的题目逐一给出，进而架构出较完整的体系方法。

（3）回望性问题的设置

教师在数学复习课上解答完问题之后，或是在课程结束之后，可以用问题来指引学生去回忆课程，让其对相应的注意点、解题技巧、思想方法等进行总结、归纳等。

总而言之，教师在初中数学的复习课上运用问题驱动的方法具备增强师生互动、进行提炼总结、明确思考方向、实现教学目标等优势，可有效提升复习效果。

第三节 初中科学教学

一、初中科学教育的"读、思、说"模式

(一)"读、思、说"模式的概念诠释

(1)读

阅读,即信息的输入。教师从台前讲授退居到幕后制作,结合教材能动地制作阅读材料,也就是所谓的信息。信息以培养学生的自主阅读习惯和推进课堂实施为目的,当然这里的阅读是指广义的阅读,既包括实验演示的阅读,也包括自主实验或活动体验的阅读等。

(2)思

思考,即信息的加工。通过信息的阅读,完成一定的任务并记录自己的困惑和原认知,一方面是为了给学生一个交流的缓冲,另一方面也是使教师对学生"前概念"有充分认识,便于后续教学的有效开展。

(3)说

表达,即信息的输出。你说、我说、大家说,在说给别人听的过程中学习。

(二)"读、思、说"模式的配套变化

"读、思、说"模式在课堂上实施,一定要对原来课堂的一些结构形式进行调整,才能产生效果。

(1)课堂结构的变化

教师将一节课 40 分钟分为 30 分钟和 10 分钟,即"30+10"。30 分钟为核心课堂互动"读、思、说"时间,学生在教案的指引下,在教师的组织下开展学习活动,具体分摊到哪个环节的时间不作细化,视教学任务而定;10 分钟为课堂个性时间,缓冲师生在课堂结构变化中的惯性。

(2)组织和考核形式的变化

"读、思、说"需要有讨论、互助、监督的组织形式。我们在实践中将把学生分为"勤学""乐学""善学"和"愿学"四类。"勤学"——不愿意说,成绩也不太理想的学生;"乐学"——喜欢说,成绩也较理想的学生;"善学"——不

喜欢说，但成绩较理想的学生；"愿学"——愿意说，但成绩不是很理想的学生。每个小组尽量使四类同学都有，便于推动课堂新格局的尽快建立。在评价考核上由原来的单一的个体成绩考核变为"个体和小组捆绑考核"与"成绩和课堂捆绑"相结合的多层次考核。

（3）学习方式的变化

学生要从原来的"听、看、答"被动学习转变为现在的"读、思、说"为核心的自主合作学习。

（三）"读、思、说"模式的操作流程

"读、思、说"环节在具体实施过程中我们将按照下列流程操作。

（1）读：知识信息化

①材料：教师从台前退到幕后，对学习内容进行必要的能动的制作，以学案的形式呈现给学生。这个制作也就是教师的备课，教师要备的就是如何呈现一定的信息，学生在这个广义阅读的基础上进行深入的引导式学习。

②阅读：包括课内阅读和课外阅读，具体设计视具体教学内容而定。教师呈现学案，学生进行独立的阅读，为使得阅读更加有效、更加有针对性，学案会有相应的任务布置，学生根据任务完成阅读的同时还要记载和整理这些信息，可以以科学史为背景制作和拓展信息材料。

（2）思：知识建构化

①思考：根据阅读的信息完成相应的任务并写下自己的困惑与收获。任务驱动使阅读更具针对性和有效性。以小组交流的形式开展，让个人的思考在小组内碰撞。

②记录：教师在这个环节需要及时记录不同学生的不同困惑和"原认知"，在这个基础上组织开展交流学习。课题最后要形成校本的"学生前概念大全"，便于后续教学的不断进步，此项纳入教师备课的内容，并作为教师考核依据。这个环节也是因中考依旧以书面考试为主而必须保留的。

（3）说：知识输出化

①策划：教师的任务是组织学生在这个环节有效进行，需要设置相应的任务、活动或者问题，并协调各层次交流的有序性。教师的角色由传统的讲授者转换为幕后活动的策划者。

②表达：将学习进行到底，根据教师组织的逻辑开展本课时知识的小交流、大交流，最后形成统一的共识。这里的交流主要形式就是说给别人听，别人可以是同

桌、小组、班级乃至学校多层次中的人。

二、初中科学教育教学方法的推进方式

"读、思、说"课堂教学模式在具体操作中，课题组将主要设计以下推进策略，保证课题研究正常、有序、有效开展。

（一）构建"1234"素养立意课堂

促使科学课堂从"以对话、讲授为中心的传统课堂"向"以任务、展示为中心的新型课堂"转变。课堂的要素包含以下方面。

"1"——一个中心：先学后教、以学定教。

"2"——两个载体：翻转课堂、学习小组。

"3"——三种学习：个人自学、组内互学、班内共学。

"4"——四种活动：合作、展示、交流、评价。

（二）建立并完善学校制度

1. 教学管理制度

教学管理流程制度和教师专业常规管理制度，这是学校教学管理的两大臂膀，应修订完善，保证学校各项教学行为有序运转。

2. 五备三思集体备课制度

集体备课是学校的传统备课方式，学校团队捆绑考核使得集体备课的重要性突显，尤其是学校年轻教师比较多，集体备课成为成长的一大纽带，共同思考：个人产生的不能解决的又可能是共性的问题；如何对主备教案进行讨论修改；练习的设置分配和作业设计。

3. 三种听课制度

实施推门听课、备课组观摩课、同课异构录像课等制度进行摄像保存第一手资料，保证了教师用以研究的课堂素材非常丰富。

4. 各类考核制度

这个包括备课组的考核制度、教育教学奖励制度，用以各项活动的最终落实。

（三）确立评价体系

新的课堂教学模式意在改变教师的教学方式和学生的学习方式，因此，逐步

建立和完善课堂评价体系成为研究过程中一项重要的举措。

1. 评价教师

各教师备课是否合格、课堂教学的实施是否有效主要看教师在课堂中是否坚持了以学生发展为中心，是否有利于"读、思、说"这一核心要素在课堂中的展开。

2. 评价学生

主要看学生在课堂学习中自主的程度、合作的效度和探究的深度，具体看学生在参与"读、思、说"的过程中是否主动、积极、合作。阶段性的评价也将加大小组捆绑考核的分值。

（四）教师微讲座

新的课堂教学模式的实施，会给教师带来理念上和行为上的冲突。特别是一开始的时候，教师对新的模式还在逐渐摸索过程中，难免会遇到这样那样的问题，也不知道自己的做法是否有效，这就需要给教师一个能说出来、能学习的平台。每周五开教师会时，拿出 30 分钟让一些走在前面的教师谈谈经验，让一些有困惑的教师谈谈看法，聘请一些专家答疑解惑，以此来配合推动教学改革的顺利推行。

学实践中教，两者相互反应共筑学校美好教研文化。

三、基于大概念引领的初中科学教学

教育教学应致力于给学生提供有助于理解概念的某种框架，促使其获得可迁移的概念理解力、解决复杂问题的思考力和创造新观点的生长力，这就要求我们要基于大概念（big ideas）开展初中科学教学。

工业时代主要是在应用专家的结论，在这个背景下应运而生的应试教育有它存在的必然价值，然而在一个知识呈指数级增长的信息时代，我们显然更需要专家的素养。人们常说"当一个人把在学校学到的知识忘掉，剩下的就是教育"。教育教学应更聚焦于"剩下的东西"。那么，在这个信息时代剩下的东西是不是可以更多地理解为专家的素养。专家的核心素养是创新，创新的前提是迁移，迁移是一种高阶思维，如"水看得见，水蒸气为什么看不见""细菌看不见，为什么菌落看得见"，这就是一种浅迁移。那么迁移的前提是什么？是关联，例如大气为什么有压强，一个密封小瓶的空气为什么也有一样大小的压强？如果没有关联，它就成为一个点状知识，无法形成观念和迁移。那如何形成关联？这就需要大概念。

大概念的学科知识结构分为四层：第一层是学科基本知识、技能等事实性知识及统摄性较差的分解概念；第二层是基于学科内知识整合的核心概念与方法；第三层是基于跨学科内容整合的概念或主题；第四层是统摄其他所有知识的"元认知"，即哲学观念。除第一层外，其余三层都属于大概念范畴，即具体与抽象的协同思维。例如，"力"是个概念，我们通过各种具体的事物概括出了力是物体对物体的作用，那么形成这个概念的思维方式就是大概念教学视域下的思维导学。初中科学的学科核心素养也主要聚焦在"科学思维"和"科学探究"两大方面，因此，我们提出了"思维导学"这个教学概念。

（一）思维导学的概念界定

大概念中撇开上位的哲学概念，无论是核心概念还是共通概念其本质都是课堂的"剩余物"——思维，而"科学思维"或"科学探究"这些学科核心素养的形成其本质就是形成大概念教学。思维导学就是要以课堂的"剩余物"即思维来引导学习的进程。以知识推动知识最后什么也没有留下，以思维推动知识而进一步发展思维就是思维导学的根本目的。思维导学作为大概念在实际教学应用中有着十分明显的作用，既能推动教学形式的变革，又能优化教学设计策略，促进学习方式变革（图3-3）。

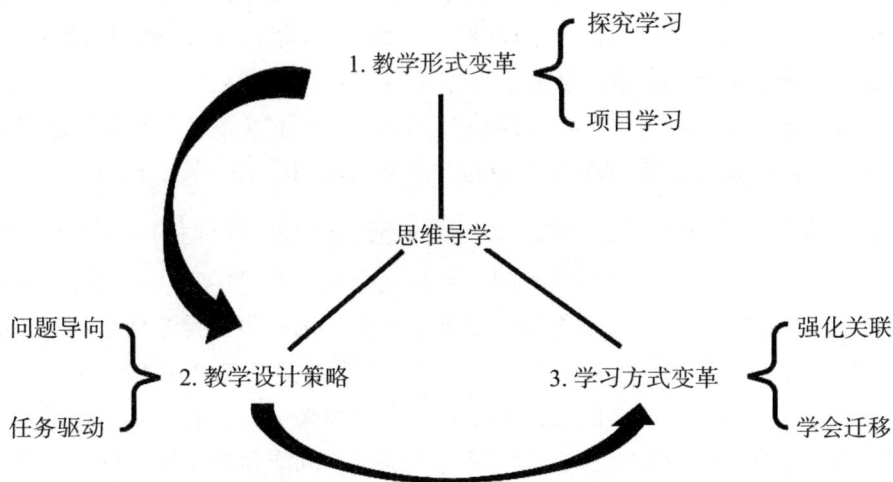

图 3-3　思维导学的操作框架

（二）思维导学推动知识进程的可能路径

思维导学推动知识进程的可能路径如图 3-4 所示。

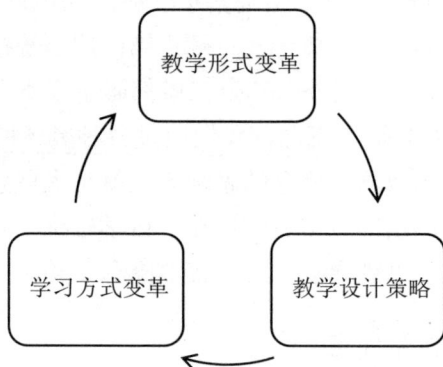

```
        ┌──────────────┐
        │  教学形式变革  │
        └──────────────┘
       ↗                ↘
┌──────────────┐    ┌──────────────┐
│  学习方式变革  │←───│  教学设计策略  │
└──────────────┘    └──────────────┘
```

图 3-4　思维导学推动知识进程的可能路径

1.教学形式变革

（1）探究学习

①基于伪探究设计探究"三部曲"来学习知识，发展必备的逻辑思维。在信息时代和家庭教育大发展的背景下，很多原以为神秘的科学知识其实已经被学生揭晓了结果，已然失去了原有的可以进行真探究的意义。例如，影响动能大小的因素有哪些，影响滑动摩擦力大小的因素有哪些，等等。但事实上，学生往往只是知道了这个知识本身。在这样的背景下，如果在课堂上再次把知识教给学生，显然是非常笨拙可笑的。这时候就要基于伪探究来设计课堂。

例如，影响动能大小的因素有哪些。学情调查可知，大部分学生已经通过阅读或其他途径知道了影响动能大小的因素是速度和质量，甚至相当一部分学生知道了动能等于 $\frac{1}{2}mv^2$。这时候，如果教师还让学生进行所谓的真探究，只不过是走形式而已，还浪费了大量的时间。教师完全可以通过探究"三部曲"来展开课堂教学，以研究动能大小是否与质量有关为例。第一步：控制什么不变？怎么控制速度不变？第二步：改变质量，怎么改变？第三步：观察动能大小，怎么观察？事实上，控制速度不变的方法有很多，用斜面来进行实验其实是假的，因为这里还有一个真探究留在里面，那就是怎么确定不同质量的小球从同一高度下落到达水平面时的速度相同呢？

②基于真探究设计对科学史的研究学习知识，提升思维品质。专家得出结论的背后往往隐藏着艰辛的探究历程，这个历程往往也是我们学生和教师所未知的领域。

例如，光合作用的发现史。学生很早就知道光合作用是植物在阳光下利用二氧化碳和水制造有机物和氧气。但是从亚里士多德提出"植物的根是一张嘴，植物生活和生长所需的一切物质，都是通过根吸收土壤汁得到的"到海尔蒙特的柳树实验，再到普利斯特里的小鼠实验，最后到萨克斯的半叶法实验。现在我们所知晓的光合作用经历了很多真探究的过程，也为我们留下了可以循着巨人的脚印展开探究的素材。

③基于真探究设计创新实验学习知识，强化研究型思维品质。除了借助科学史展开真探究以外，教师可以在解题过程中或课堂教学过程中设计创新实验展开真探究。这样，学生的视野会更开阔，也可以让学生摆脱题海之苦，进入解题之乐的境界。

例如，将两个纸杯轻轻叠在一起，然后在杯口水平吹气，这时内杯会"跳"出来，剪去外部纸杯的底，让学生再吹却发现内杯跳不出来了。这时候，趁学生兴头正高，可以展开探究。注意：不是把答案直接告诉学生，而是让学生根据自己的猜想设计实验，在这个过程中不断提高自己思维的严密性。

（2）项目学习

①基于大单元设计的项目学习。STEM教学其实也是基于大概念跨学科的一种整合式教学，它是以整体思维提升为导向的。基于大单元的相对性，教师可以以一个产品的设计来推动学习的真实发生。例如，在学完杠杆知识之后，教师可以设计一个"杆秤的制作"实验；在学完大气压知识之后，教师可以设计一个"吸尘器的制作"实验；在学完水的浮力知识之后，教师可以设计一个"浮力秤的制作"实验等。

例如，杆秤的制作。第一步：中心任务布置。利用桌上的材料制作测量范围是从0～150 g的装置，并测出橘子的质量。第二步：引导学生进行任务分解，包括：零刻度和最大刻度怎么确定；其余刻度怎么确定，是否均匀；最小刻度应该取多少。第三步：进行理论计算和产品设计。第四步：对产品进行评价。

②基于学科拓展的项目学习。创设新情境或安排新任务、活动—源于学生的思考而又引发触及核心的问题—借助实验和理论论证—经历曲折过程解决问题或建立概念—让概念从纵横方向上与旧知取得联系，让知识实现回归—知识的再应用。围绕项目展开的教学"教在学生需要教的地方"。某个内容的学习常一以

贯之某个问题，知识只是"挂靠"于这一问题之上。因为源于雏形问题，问题常常是始于具体事物的，项目引导下的学习具有整体学习的特征，直指学科核心素养。

2.教学设计策略

（1）问题导向

"问题导向法是指在教学中教师提出引导性问题，并激励学生全力将之解决的一种教学模式，更加注重学生的主体地位，契合新课改要求。问题导向法的核心内容是引导学生的思维，让学生自主进行学习。在实践中，教师应对特殊问题所体现出的逻辑性及引导性予以重视，并确保实施策略的正确性，以达成教学效果的显著提升。"[①]

①概念：能够引发学生高水平思考的问题。

②类型：开放类，探究类，触及事物本质的问题。

③特征：没有简单的"正确"答案；能够刺激学生去思考；需要讨论和探究；触及某一个主题或某一学科的核心；引发其他重要问题；挑战未经验证的假设，质疑某些想当然的观点。

例如，在学习滑动摩擦力之后我设计了这样一个问题：有的学生认为接触面积越大，摩擦力越大。理由是骑自行车时，如果自行车车胎瘪了，人就越费力。这是因为轮胎瘪气后，车轮与地面的接触面积增大了。可见，接触面积越大，摩擦力就越大，这一说法对吗？这个问题的巧妙之处就在于学生内心已经知道滑动摩擦力大小与受力面积大小无关，但是基于骑车的事实性理由也足够充分，这样的碰撞很快就触及了核心主题。通过不断地探讨，学生会发现这是滚动摩擦。于是就引发其他重要问题：滚动摩擦的大小与哪些因素有关？于是真实的学习情境就这样发展并展开了。

（2）任务驱动

①引导学生发现概念、发现规律。教育的核心问题之一在于如何让学生借助树木来认识树林。概念、规律的发现其实都是归纳演绎思维的发展过程，是认识树林的法宝。就一线教学的实际情况而言，初中科学中大量的概念与规律也不妨偶尔以知识推进。但是核心概念与规律必须让学生经历发现的过程，要不然学校教学将没有"剩余物"，学生的思维品质也不能有效得到提高，这是严重违背学

---

① 张荣枝.问题导向教学方法在初中数学教学中的实践探究[J].天津教育，2021，659（26）：24-25.

生身心发展规律的。例如密度概念、速度概念、比热容概念、压强概念、分子运动规律、凸透镜成像规律、力和运动的关系等，这些概念或规律一定要让学生自己去发现、去创造，不仅对后续的学习有巨大作用，也是学生思维品质提高的良好契机。利用任务驱动可以引导学生顺着一定方向去发现概念与规律。

例如，密度概念的发现。教师可以设置这样一个总任务：估测出一个巨大的只知道体积的不规则的实心铜像的质量（给定器材是不同体积的小实心铜块若干，天平一架，量筒一个）。根据学情，也可以设置表格或可以提示质量与体积关系的坐标图等来降低难度。在完成这样一个任务的过程中，学生势必要经历直达概念核心的过程。这样的过程就是培养学生归纳总结能力的思维过程，也是学生自己发现规律、发现概念的过程。最后我们会发现其实很多概念的获得都有类似的学科方法，这就是学科核心素养，就是大概念教学的范例。

②引导学生学会归纳、总结。换言之就是要培养学生的归纳演绎能力，归纳就需要教师提供大量素材，演绎就需要教师灵活设计变式。这个在学科教学或解题教学过程中都是非常实用的经验，这样的教学方法也为我们教师尤其是新教师指出了进行素养立意教学的方向。例如力学计算中的画受力分析图法、光学分析中的画光路图法、电学计算中的画电路图法等。教师通过设置有图无图、有简图或复杂图、有变化图或无变化图等练习题来引导学生养成在物理分析中的重要习惯，最后统一于画图解题这样的高度，这就是学科核心素养，这就是大概念教学。

3. 学习方式变革

（1）强化关联

教师培养学生五种不同层级的能力：记忆—理解—运用—评价—创造（迁移），可见迁移是高阶能力。迁移的前提是关联，如果没有关联，它就成为一个点状知识，无法形成观念。以思维推动知识进程的教学，就可以强化关联。例如欧姆定律的研究，浮力与压强的关系，酸碱盐性质的研究，植物向性的研究等。

例如，酸碱盐性质的研究。学生学习了酸的通性之后就是学习碱和盐的性质，从一线教学经验来看，这么多性质堆积在一起学生容易混乱。究其原因，当然是孤立的点状教学没有讲知识连成线形成面，也就没有强化关联。

（2）学会迁移

事实上，关联被强化的过程往往就是迁移思维被推进的过程。

例如，植物向性的研究。学习了植物向光的原理之后，学生知道植物向光性的原因是光照导致生长素分布不均。此时，教师可以设置追问："那植物茎的负向地性又是什么原因呢？"这个地方就出现了浅迁移，学生会思考可能是重力导致生长素分布不均引起的，下侧生长素分布多长得快，所以负向地生长。这个显然很符合逻辑，也很容易促进迁移思维的培养。这个时刻，教师如果继续追问："那为什么根是相地生长的呢？"很明显刚才的理论就要加以修正，需要"创造"理论并检验理论，这就是创造。从历史的角度而言，后来才有了后来高浓度生长素除草剂的发明。

大概念既是学科知识的精髓，又是知识转化为能力的桥梁。学生收获的不再是单纯的知识，而是得到充分发展的能力。因此，以思维导学的方式组织教学活动，为大概念的建构和发展提供了可能，可以更好地激发学生对科学课程的兴趣。同时，基于大概念的初中科学教学，学生能够进行知识的组织和管理，打破传统模式下知识之间彼此割裂的现实，主动建立知识间的联系，促进知识的应用。

第四节　初中各学科的融合式教学研究

学科融合式教学依托于"多学科学习模块"课程而存在。这种课程围绕学生生活的学习或研究主题，将不同学科的知识进行融合。如基于"欧洲地理认知"这一主题所编排的课程，同时涉及了地理、数学、历史、语文、政治等学科的知识。

一、初中各学科的融合式教学的开展前提

"要想学科融合式教学能够顺利开展，就必须成立集体备课组，而集体备课组又可分为同学科、不同学科等类型的小备课组"。[①]同一年级备课组的益处有以下几点：第一，同年级不同学科的教师通过头脑风暴、多方面交流可以相互提升、相互促进；第二，同年级的授课教师可以针对学科交叉内容充分进行研讨；第三，教师之间通过思维碰撞、交换意见，将知识推广为共同拥有，个人思维也可以得到充分拓展；第四，通过这种教学研讨，教师不但可以充分吸纳他人信息，而且能将自己的经验推广分享，最终实现资源共享；第五，通过这种学科间融合式探讨，教师的思维也可以得到重组和改造。

---

① 玉定松. 浅谈初中学科融合式教学 [J]. 中学教学参考，2020，414（18）：67-68.

二、初中各学科的融合式教学的注意事项

（一）教师方面的注意事项

为更好提升初中普通教师融合式教学水平，应注意以下方面。

①明确教师定位。教师的职责就是传道授业解惑，因此对教师的知识储备、文化水平有较高要求，只有拥有了足够的知识储备，才能将知识分解深加工，才具备授课资格。

②提高主动沟通探讨意识。教师本身也要掌握多学科知识，因此必须多交流，互通有无，进而提高教师知识素养。

③深入教学一线，不耻下问。作为教师一定不能故步自封，必须走进课堂，不仅要经常参加高端教学演讲，汲取专家思想中的精华，还要多参加一线教学活动。

（二）教学方面的注意事项

1. 不可照搬照抄教学模式

学科融合式教学绝不是将很多内容简单粗暴地拼凑在一起。教师本身应具备大量的知识储备，在准备过程及上课过程中，自然联想到相关学科内容，有针对性地将知识串联起来，从而激发学生自主探索的内驱力，更好地完成教学。

2. 多学科知识相互融合

学科融合式教学绝不是简单地把多门学科知识混在一起，而应该是不同学科知识相互融合。要做好学科融合教学，就要遵循以主导学科的特点和个性为主这一前提，有计划分层次地融合多门学科知识。

3. 要激发出不同学科资源的作用和能效

数学课堂上在讲授"整式"时，有这样一道例题：河水流速为 3.5 km/h，船在静水中的速度为 V km/h，列式表达船在河水中顺水行驶和逆水行驶速度分别是多少。分析如下：船在河水中顺水行驶时，船速＝船在静水中的速度—水流的速度。这道题主要考查学生对于字母表示数的理解，不仅数字可以参与运算，字母同样可以参与运算，这里用算式就可以清晰简明地表达出数量关系。实际上，要想研究物体相对运动的速度，仅凭以上研究并不能发挥实际作用。

4. 多学科融合教学，提高教学有效性

初中道德与法制这门学科中，为展现"增强生命的韧性"这一内容，书中以爱迪生发明白炽灯泡的故事为例。爱迪生在研制白炽灯泡时，屡次失败。别人都劝他放弃研究，可他凭着坚韧不拔的精神一直坚持。在经历上千次失败后，他最终实验成功。这篇文章给学生的启示是成长的道路不会一帆风顺，总会经历一些挫折坎坷。但如果教师引导学生将思维集中在"为什么钨金属可以做灯丝，而铁、铜、铝不可以"，那么其研究就远离了教学实质，也就发挥不了教学的意义。

从以上阐述中不难发现，如果将多个学科融合在一起，融会贯通地进行讲解，那么就会为课堂教学增加很多趣味性。在浓厚的课堂氛围下，学生主动探究的意识将会得到提高。在促进学生全面发展、夯实学生文化基础方面，学科融合式教学有很多优点，是其他教学模式不可比拟的，对全面提升教学质量、提高学生综合素养起着重要的作用。

第四章 初中项目式学习的策略

第一节 初中语文项目式学习的策略

综合性学习作为统编版语文教材编排体系中的重要板块，其目标指向和边界都是"语文"。然而，当下教学中存在对"综合性学习"体系的不够重视或理解偏差等问题。本书以《文学部落·制定班级特刊策划书》为例，聚焦核心素养，注重学生体验探究、建构运用、自评他评等学习策略，推动学生在综合实践活动课里"做中学"，促进学生高阶思维的发展。

《义务教育语文课程标准》（2022年版）关于综合性学习的实施建议中明确提出综合性学习主要体现为语文知识的综合运用、听说读写能力的整体发展……告诉我们综合性学习应该要突出学生的自主性，重视学生主动积极的参与精神，实施过程主要由学生自行设计以及自行组织，这样就特别注重探索和研究的过程，教师在各环节中的指导作用也得以强化。《浙江省初中语文学科教学基本要求》（2021版）中提到教学应根据综合性学习的综合性、活动性、开放性、参与性的特点……注重语文与生活的结合，注重三维目标的融合发展。那么，这就要求教师在具体的任务和多样活动中，培养学生主动探究、团结合作、勇于创新等素养。

综合性学习仅仅是语文学习的一种方式，在部编版教材中，综合性学习板块的教学应该围绕"语文"这一原点展开辐射。然而，在现实教学中，很多教师并不重视，让学生看看就完了，或并未深入思考就开展活动。因此，在综合性学习的教学中，教师应做到"万变不离其宗"，即使再综合，都要指向语文；活动的设计即使再广泛，也要关乎语文，活动一定为语文搭台。想要处理好语文内部与其他学科之间的关系，既不能盲目融合，也不能"单打独斗"，要围绕语文课程的性质与特点，使综合性学习依然能在语文阵地上产生共振。教师只有这样操作，才能有的放矢，游刃有余。

综合性学习是以"学会生存、学会学习"相结合作为目标，包含三个层面的综合：语文内部的综合，即听说读写；学科之间的综合，即跨学科整合；语文学科与平时生活的综合。因此，综合性学习本质上就是项目式学习。综合性学习的特征用三个字概括就是"做中学"，即以调查、实验、观察、体验、交流、协作等实践为主的学习，强调学生动手参与、亲身体验，在实践中参与，培养终身发展所必备的品格和能力。换言之，综合性学习具有开放性、主体性、合作性、实践性、统整性、生存性等特点。综合性学习的教学目的是培养学生自主学习探究的能力、合作解决问题的能力、处理信息的能力。学生在学习过程中，能够根据特定目标、情境等快速获得知识，进入新的学习领域，并运用自己的学习经验成为具有解决问题的关键能力的决策者。

日常教学中，存在综合性学习即大杂烩的误区，有形式无内涵的课程值得反思。在综合性学习教学中，从语言、思维、审美和文化四方面去设计教学和实践，总结出如下操作和实践策略。

一、以真实的言语实践为主导框架

以真实的言语实践为主导框架如图 4-1 所示。

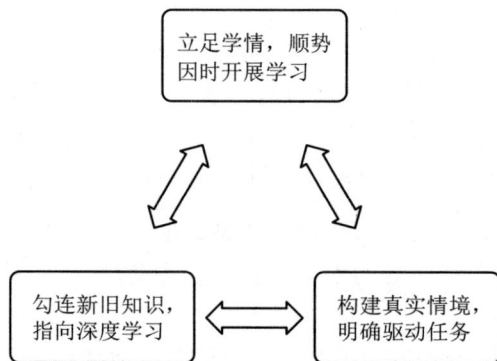

图 4-1 以真实的言语实践为主导框架

（一）立足学情，顺势因时开展学习

在《文学部落·制定班级特刊策划书》的设计中，在课堂初始，给学生发放

学校校刊和《中学生天地》，以学生最熟悉的两种杂志切入话题，学生就有一种亲切感和读书欲。因为好奇，他们会去翻阅，就会顺理成章地进入课堂正题。学生观察刊物后，可以知道刊物的几个必备板块：刊名、封面、栏目、内容、宣传语。随后在各抒己见的浪潮中，学生的回答都围绕"吸引力"展开，那么教师就顺势总结即将做的班级特刊要具备这些"吸引力"才会是优秀的刊物，学生就非常认可。如果课堂伊始，教师就直接告诉学生好的刊物应该具备的几个特点，而不是学生通过观察得出的，那么这堂课会失去铺垫，显得突兀，学生在操作起来就不那么自然。

（二）构建真实情境，明确驱动任务

依据既定活动目标，基于"以终为始"的方法，可以创设以下情境。

某学校七年级（初一）举办"最美班级特刊"评比，某班将围绕名著《朝花夕拾》学习后的成果制定班级特刊。现在，每一个小组都是一个编辑部，编辑部的成员各自都有任务，如设计刊名、设计封面、设置栏目、投稿、撰写宣传语等。活动结束的时候，教师告诉各编辑部，将对每个编辑部的策划书进行整理，选出最优板块，修改整合出班级的特刊策划书，相信本班的班级特刊一定会在年级比赛中脱颖而出。为此，特设立两个任务：一是各编辑部单独制定策划书，人人参与；二是各小组在班级中展示各自板块，进行评价择优。

在活动过程中，将班级36人分成6组，成立6个编辑部，由组员自行选出组长；组长根据组员特点，发放策划书；6人都有各自的任务，各司其职，合作完成。

以上设置的情境包含了丰富的要素：刊物读者、刊物制定目的、刊物策划活动任务等。"追求理解的教学设计"的逆向设计得以较好运用。班级特刊策划书的制定需要经过"制定—修改—再创作"的过程，可以把这一过程分解，由各编辑部单独完成，在此基础上评选出最优板块，进行修改，再重新整合，编辑出最适合本班的精品策划书。

另外，在这一环节中，还应考虑到学生的获得感对课堂的推进，真实的言语任务指向实践的行为和过程都是真实的。如果只是单纯地分配任务，学生会产生一种完成任务的心理。但是如果让学生通过自己的努力"有劳而获"，就可能让学生发自内心地满足。学生的主体意识在活动中得以强化，认识自身的定位，在实践活动中投入。建构主义学习理论把"情境"列为学习环境四个要素之一，在拟真情境下开展语文实践活动，可以激发学生的形象思维、逻辑思维和创造思维。

（三）勾连新旧知识，指向深度学习

在《文学部落》这一综合性学习中的第二个任务是"创立班刊"。在设计过程中，变通为"创立班级特刊"。这一思考源于本册书的名著阅读《朝花夕拾》项目化学习后的成果，用特刊的形式，将其整理、汇总、呈现，兼顾名著阅读与综合性学习，指向深度阅读。在重新创作的过程中，将所习得的知识打碎、重组，用新的方式勾连旧知，向更深处探寻。

二、以渗透核心素养、完成言语创作主要线索

如何推动学生完成特刊策划书，需要建构解决问题的核心，在任务驱动下，在评价指标引领下，有方向地做，将实践与任务联系起来。教师在教学中，顺理成章开展实践（图4-2）。

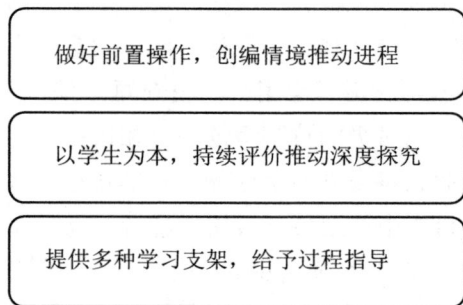

图 4-2　以渗透核心素养、完成言语创作主要线索

（一）做好前置操作，创编情境推动进程

教师在教学中从"教"的角色转化为促进学生"学"的角色。教师在学习任务的编排上要有总体规划，从开始考虑大组完成可能会有混乱现象，应让每个学生都有自己明确的任务，重新设置成用6人小组的方式，并且落实6人的任务，模拟编辑部形式。在充分讨论后，1人设计刊名，1人负责封面、1人架构栏目，2人撰写不同栏目稿件，1人策划宣传。实施过程中，全情境的创设、各项情境任务的分配、活动方式的规划，考虑到既为学生提供支撑，又要为学生留有余地，让学生主动参与，主动建构。

（二）以学生为本，持续评价推动深度探究

在教学设计过程中，教师制作学习评价量规，用评价指标去指导学生的实践活动。评价即学习，评价和监控贯穿整个活动始终。评价量规的定量评价和展示交流的表现性评价两者结合，推动整个实践向纵深发展。在每个任务实践中，学生参照评价指标，动脑完成任务，在任务完成后，学生进行自评，在展示中进行他评和师评。评价表具有导向、诊断和改进功能，有利于学生分析任务，并进行自我修正，从而掌握批判性思维和问题解决等高层次认知技能，同时有利于监控学生学习的过程。就综合性学习而言，要使课堂不流于形式，成为越界的课程，评价就要贯穿始终，就如一条跑道，活动在轨道中进展。

（三）提供多种学习支架，给予过程指导

在活动中，教师做好引导者和服务者，要为学生搭建学习支架。因此，做任务书时，在表格上写好教师示例，让学生模仿操作比凭空操作要容易得多，这种范例支架会让学生做起来得心应手。在小组讨论刊名时，不少组想到的是"旧事重提"之类的名称，如果看了示例就明白刊名不等同于书名，并且阅读完寓意，便有小组拟出相对文艺的刊名，如"风景""追忆"等。

（四）其他

当然，还有概念支架、元认知支架、程序支架等。在学生学习过程中提供必不可少的支持，以帮助学生完成预期任务，建构起知识体系，将学生在实践过程中得到的能力内化成素养。在支架的帮助下，帮助学生顺利抵达最近发展区，支架解决的是"怎么操作"的问题，聚焦核心知识的迁移运用，过程性的指导比结果性讲评更重要。

三、将交流言语可视化，互评师评促深入

（一）投屏可视化，策划成果外显

在对每个微型编辑部的作品进行班内展示前，先组织小组根据评价量表进行评议，及时反馈，检测其对核心知识迁移运用的效果，教师深入小组，参与评议，并给予学习策略指导。作者朗读自己板块的内容，组员聆听，组员依据评价指标，确定星级指数；小组讨论，给出修改建议；作者根据组员反馈，完善创

作，形成新作品。在小组对自己组内板块的制定满意后，教师用手机拍照投屏的方式，将各编辑部的内容呈现在班级的白板上面，再由其他组成员依据评价指标进行评价。大家在讨论中评议，在交流中欣赏，智能的碰撞加深了思维的深度，也拓展了思维的广度。刊物制定的过程与刊物评议的过程就是思维深入迁移、运用，完成驱动任务的过程。

（二）创意表达，实现自主进阶发展

学生对自己设计的板块，用言语表达的方式，进行深度探究，在活动的推进中，个性化发展和团队共同的提升是相辅相成、缺一不可的。实践活动要向深层次推进，必然需要共同体的交流、辨析。在策划书生成的过程中，首先是小组内讨论，然后是成果展示、全班交流。组员在构想好之后，与全班对话汇报的过程，不仅是风采的展示，更多的是取长补短的过程，以期达到个性化、自主化。

（三）立足对话，成果生成清晰化

在展示交流环节，教师带着预设进入课堂，但是在实际活动中，教师将自己置身对话之中，及时进行课堂成果生成，真正成为课堂的组织者、引导者。对于学生而言，每一个情境都是需要教师作出反应的。如在学生展示封面环节，他画了一朵花、一个时光机、一个鲁迅人像，在短短的课堂操作时间里，能够画出这些内容已实属不易。学生在交流中，表达少于内容，那么教师要主动问他画的内容、每个图画的寓意、整幅画的象征，这不仅可以锻炼学生的口语表达能力，也会促使其他学生受到启发。

生成不仅要顺水推舟，还要有所坚守。在建构主义的视角下，文学的解读既要感性又要理性，所以在学生交流环节要有的放矢。教师既要给学生阐释的自由，又要拒绝过度阐释，还要注意审美，对于一些美好的作品加以表扬，让学生意识到感受美、品悟美的重要性。

（四）评议修改板块，实现思维综合化

情境任务贯穿制定班级特刊学习的始终，形成公开的成果就代表着编辑部完成了情境任务，策划书就是本次综合性学习的落脚点，成果展示中的介绍和交流本身就是语言思维的真实学习过程。展示策划成果，促进深度学习，加深对名著的再学习，这对文化的理解和传承有另一种思路，可以在实践中提升学生的核心素养。

教师在成果展示交流中，发挥着重要作用，不仅在学生制定策划书的过程中有导向作用。在展示交流中，教师往往能看到学生没有关注到的点。所以，教师应注重讲评多样化，学生成果的专项讲评、典型案例讲评、对比作品讲评与综合小组讲评相结合。在学生展示中，教师会针对性地问学生为何没有拿到全部星星，失去那条标准如何修改作品便可以得到全部星星。教师也可以把两组同学中做同个板块同学的内容进行比较讲评，也让负责同任务的学生进行对比讲评。当然，也有综合整体小组表现的讲评。

《文学部落·制定班级特刊策划书》这一实践活动的设计立足生活和实际，以"做中学"的理念驱动整个活动，侧重开展小组合作，以评价量规贯穿始终，以目标指导实践，学生在评价交流中促进思维进阶。在专题活动中，基于拟真情境，学生各司其职，感悟体会编辑部的乐趣。整个活动呈现出开放度高、梯度感强、语文味浓的特点，紧紧抓住综合性学习应指向"语文"的特点。学生核心素养都在真实的语境中培养和实施。在整个活动流程中，紧紧围绕综合性学习的开放性、主体性、合作性、实践性、统整性、生存性等特点，注重学生语言、审美、思维、文化等素养的培养。通过本堂课的设计与实施，学生自主学习的能力得到了提高，合作学习的效度有了大幅提升，探究学习的深度得到了充分的体现。但是，这个活动操作是一个持续的过程，需要跟进，策划书完成后，需要整合出最优的作品，并让学生进行投稿出版成册。活动实践的流程、成果的生成、后续的推进等都要进行深刻反思，进而为下一步教学寻找途径。

第二节　初中数学项目式学习的策略

巧妙合理利用项目式学习有助于知识网络的建立，实现学科融合，提升核心素养与关键能力。本书基于学情，聚焦素养，结合实例从核心概念与能力、驱动性问题的设计、项目式学习流程设计、项目式资源支架设计等层面对项目式学习进行探索、设计，从研究方法、实践方案、项目结论、项目评价四方面提供实施范式。该学习模式能有效引导学生开展自主学习和合作探究，拓宽学生视野，培养思维能力，有效提升数据分析、直观想象、逻辑推理、数学抽象、数学建模、数学运算等数学学科核心素养。

函数是初中阶段中重要的数学知识点，也是学生不易理解掌握的内容。在前期调查过程中，发现不少学生产生了该知识在生活中并无用武之地的错觉，实则其在生活、体育、科学等方面都有广泛的应用。这一调查结果显然暴露出学生还离会用数学的眼光观察世界、会用数学的思维思考世界、会用数学的语言表达世界有一定的距离。

一、初中数学项目式学习的现象剖析

第一，学生作业多而单一、散而无序。以往，学生的作业数量多，且多以上课内容配套的书面练习题为主，形式单一，知识点之间、学科之间的关联不大，学生机械训练、高耗低效，能力发展受到限制。

第二，教学内容虚杂而抽象、华而不实。考虑到应试升学，部分一线教师在教学内容的选择上多以考点的简单堆砌和反复讲解为主，缺乏与实际生活的相关性，教学内容杂乱无章且抽象，无法形成知识与知识、知识与现实情境之间的有效连接。

第三，思维发展少而迟缓、浅而轻视。初中学生有强烈的好奇心及探索欲望，但受限于教学及作业现状，鲜有人用数学的眼光观察世界、用数学的思维思考世界、用数学的语言表达世界，缺乏有深度、广度、难度的思维活动，轻视思维训练，导致思维的发展迟缓，欠缺思考问题和解决问题的能力。

项目式学习能在运用数学知识解决实际问题的过程中全面提升数学能力与综合素养，能实现学科之间的融合，有效提升学生的数学学科素养与中国学生发展核心素养。

二、初中数学项目式学习的具体设计

初中数学项目式学习的具体设计如图 4-3 所示。

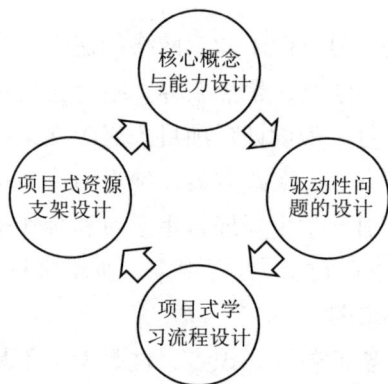

图 4-3 初中数学项目式学习的具体设计

第一，核心概念与能力设计。项目式学习是知识与能力的再建构，高质量的问题解决过程和成果离不开学生对核心概念与能力的掌握，学生在项目式学习的过程中，需要切实掌握的是指向学科本质或能促进人类对世界理解的核心概念与能力。项目的推进过程就是学生知识与能力建构的过程。

第二，驱动性问题的设计。驱动性问题是项目式学习的核心要素，具有贯穿项目过程，持续推动学习进程，帮助学生关联各个学科，提供整合学习机会，实现对知识的深度理解等价值。在设计驱动性问题时，教师要认真分析学生学情，明晰相关课程标准与核心概念等维度，为项目式学习提供引领。

第三，项目式学习流程设计。项目式学习过程中，需要遵循一定的学习流程，基于"目标确定""项目实践""成果征集""展示评价"四个学习阶段，有针对性地确定"学生生活"为"提出观点""确定项目""作品设计""总结反思"，并就各阶段确定对应的资源支持。"目标确定""组建小组""制订方案""项目评价"等环节，可在实施前做好准备和目标导向。

第四，项目式资源支架设计。项目式内容的设计需在"具体内容""核心问题""学习目标""知识领域"等特定的资源支架下进行。以项目索引支架、资源路径支架、思维优化支架这三个为数学项目式学习支架。

三、初中数学项目式学习的实施效果

第一，提升兴趣，激发动力。在本项目实践后，教师对学生进行了调查，发现学生深切地感受到了函数在生活中的应用，进一步明白了数学学习的价值，学习兴趣也明显提升。

第二，整合知识，开阔眼界。通过本项目的学习，将学生零星的碎片化的学科知识、多学科知识进行整合，形成知识体系．通过各学科知识的融会贯通，也打开了学生看待问题的眼界和格局。

第三，提升素养，终身学习。项目式的课程的教授，需要教师有一个较为庞大的知识体系，对教师的素养提出了更高的要求，也促使教师迈向终身学习。

在项目式学习过程中，基于真实学习—价值凸显，主动参与；基于学科融合—循序渐进，由表及里；基于开放项目—深度学习，思维迸发。通过对数学知识的有效整合，实现数学学科知识的层层深入。从分析到评价，从评价到创造，学生能力逐步提升。多学科融合、跨学科教学，实现了思维的发展和素养的提升。

第三节　初中英语项目式学习的策略

"项目式学习（Project-based Learning）以 Project 为形式，以教学内容为依据，以问题为导向，以解决问题为目标，强调学生学习的自主、合作与探究精神。学生充分运用已有的知识和经验，自主进行问题的提出、信息的搜集、方案的设计、计划的实施、项目的制作、结果的呈现以及最终的评价，教师担任引导者的角色。"[①]

一、确定项目式学习探究的问题

对问题的探究激发了大脑的思维活动，学生结合自己的兴趣点及以往经验，明确项目探索的问题及项目探索方向。同时，项目要充分体现学生所关注的热点以及兴趣所在。无论项目内容如何，学生始终处于研究项目的决策地位。学生作为项目式学习的主体，一直在发现问题、探究问题、解决问题。为了充分启迪学生探究的兴趣并创造主动研究的氛围，教师可根据项目探究问题在分析的基础上，启发学生主动探究。

二、制定项目式学习的探究方案

明确了项目探究的问题，学生以小团队的方式共同研讨，最终确定探究方案，此环节包括：小团队分组、分配角色、项目式学习的探究具体活动、资料来源、探究方式等。每个小团队由 3～4 人组成，依据学习能力的强弱穿插搭配人员，即每组均分配了能力强和能力弱的学生。教师可以帮助学生完成项目式学习方案表，这样可以更好地将小组分工落实到位，每个人都被赋予了项目工作角色：搜集信息、整理分析信息、信息展现方式、整体活动时间等。这样可以充分帮助学生设计出可行性方案，依据既定计划按部就班展开研究。

三、实施项目式学习的具体方案

在具体实施阶段，学生依据既定计划开展项目探究。他们要充分积累各方面

---

① 谢婷婷. 初中英语项目式学习的设计与应用 [J]. 中小学外语教学（中学篇），2019，42（08）：31-36.

的资料，并对已获取的资料进行深加工及分类。在实施过程中，学生还可以就问题进行反复探讨，从而论证问题、调整方法、改变过程，而后将信息深加工，最终展现研究成果。教师在这一过程中，要密切关注学生的发展态势，观察学生需求，随时准备提供必要帮助，拓展学生思路。

在这一阶段中，教师还可以借助不同的组织图，启发学生逻辑清晰地思考，如利用蛛网图（spider diagram）来发散思维，积极思考；利用 T 形图来区分两种不同的事物和情况；用思维图来比较两个或多个不同事物的相同点和不同点；利用 KWL 图来记录已经知道的知识（what I know）、"我"想知道的知识（what I want to know）和"我"学到了什么（what I learned），在整合新旧知识的过程中建立自己的知识体系；利用鱼骨图（fishbone diagram）整理主要论点（main point）和分论点（sub-points）；利用汉堡图（Hamburger Graphic Organizer）或奥利奥图（OREO：opinion，reason，example，opinion）等，让自己的观点有理有据，富有逻辑性，为学生形成项目成果做铺垫。

四、交流项目式学习的成果

成果要通过口头汇报、书面作品等方式体现，各小组成员要充分表达研究内容，并与其他成员分享。在此期间，教师应引导学生相互探讨，分享在项目实践过程中遇到哪些问题、如何解决、从中有哪些收获。每个学生在这个过程中都可以畅所欲言，充分表达自己，从而获得更多的成就感和自我认同感。教师评价应以正向激励为主，并根据学生的汇报和实践成果给予积极评价，对问题进行反馈。教师要引导学生不要认为优秀的项目可以一蹴而就，而是需要不断从失败中汲取经验、完善项目，团队之间要相互分享经验。

五、评价项目式学习的教学过程

评价包括小组层面评价、个人层面评价、对问题及错误的认知评价、对资料整合过程认知评价、对项目实施经验的评价。按评价对象划分，评价分为自我评价和他人评价。评价作为项目式学习的最后环节，对学生完成的项目成果及实践过程起到积极的促进作用，促使学生不断反思和总结。项目式学习尊重学生发展的个性化和差异化，区别于传统的总结性评价，项目式学习重点考核学生灵活驾驭知识的能力，以过程性评价为主要手段，促进学生勤于思考、大胆探索、通力合作，培养学生敢于表达、自主学习的能力。

第四节　初中科学项目式学习的策略

"初中科学课程是一门综合性的基础课程，涵盖了物理、化学、生物、地理等多学科领域知识，强调各个学科领域知识与技能的整合。在项目式学习教学过程中，每一个项目的设计都是以学科知识为背景，以学生实际学习能力为前提进行的教学优化，不仅可以落实以人为本的教育理念，还可以使其形成良好的思维品质。"[1] 基于项目式学习的初中科学课程教学策略具体如下。

第一，营造项目情境及氛围，活跃课堂气氛。情境认知理论认为学习是参与者针对特定情境从而主动探究知识的过程。因此，在初中教学中要创建项目情境，让学生从实际生活出发，引导其自主探究，从而激发学生对学习的兴趣，使其对项目有更深刻的认知和理解，从而提高项目的完成质量。在教学中，要充分调动学生的积极性，使其主动对项目进行设计，使学生不再被动接受知识，从而提升了其解决问题的能力。

第二，整理项目问题，结合科学研究进行启发式教学，拓展学生的思维。项目式学习设计环节的关键是设计出有效问题，从而提升学生的研究能力及思考能力。由此可见，在教学过程中，教师要尽可能地提出有研究性的项目问题，启发学生针对问题进行反复思考和推敲，并制定出可行的项目计划。启发式教学不但可以激发学生的科学思维，充分调动他们的学习积极性，而且可以帮助学生形成探索式学习能力。

第三，挖掘创新能力，巩固项目计划。作为影响项目质量的关键因素，项目计划的制定在项目式学习中占有重要位置。因此，在初中科学课中，教师要尽可能地给予学生主动探索的空间，启发学生自主设计项目，让团队成员通力合作，相互交流，制定出切实可行的项目实施计划，这样既培养了学生的创新能力，又提升了其设计能力，进而完成了项目实施成果。

第四，呈现项目成果，提高学习能力，完善评价。项目成果指的是在学生学习过程中及完结时，学生所学到的知识技能及呈现的作品。因此，在初中科学教学中，为提高学生的学习能力，在呈现项目成果的时候，教师要尽可能多维度点

①　黄亚珍. 基于项目式学习的初中科学课程教学研究 [J]. 中学课程辅导（教师教育），2021，241（12）：75-76.

评，通过多维度点评及分析，提升学生对项目式学习的认知，进而更好地理解及把控项目。

初中科学教学以项目式学习为载体，在提升科学教学质量、全面提升学生素质方面发挥着不可替代的作用。因此，在教学阶段，初中科学教师应提升应用项目式学习的水平，经过项目情境设计、提出问题、项目计划梳理、项目点评等，让学生充分融入项目式学习，调动学生的积极性，进而提升其科学素养，将理论知识运用到实践中。

第五章 初中项目式学习的运用实践

第一节 初中科学复习课上项目式学习的运用

本节以初中物理和化学复习课为例，具体探讨项目式学习的运用。

一、初中物理复习课项目式学习的运用

（一）初中物理复习课项目式学习的价值

若想真正实现项目式学习与学科复习教学相融合，首要前提是把所需要复习的学科知识进行项目式重构，即把现有学科课程重构成项目式课程，根据课程标准所要达到的目标，围绕学科核心知识点，组织起相应的项目式学习活动。把复习内容进行项目式重构有以下价值和意义：现有课程内容更注重知识内部结构的系统性，而将课程内容进行项目化重构更有利于挖掘知识及其应用情境的教育因素及其概念的、技能性的、实操性的成分。对复习内容进行项目式重构，在真实的问题情境下，将原来孤立的、分散的知识点统合在一个项目中，打破章节限制，让学生在实际运用中实现对理论知识的迁移。

（二）初中物理复习课项目式学习的设计

要对复习内容进行项目式重构，需实行"三步走"。第一步，要解构需要复习的相关学科知识点，依据课程标准、课程内容和教学目标对知识点进行梳理，理清楚学科知识点间的内在联系，形成学科知识框架；第二步，对学科知识框架中的关键知识进行应用领域分析，寻找物理知识与实际生活的结合点，创设真实问题的应用情境，为项目式学习活动构建做好情境支持，原则上要遵循可操作

性、科学性和学科融合性等原则；第三步，也是最重要的一步，根据项目式主题完成学科知识的项目式组合，流程图如图 5-1 所示[①]。

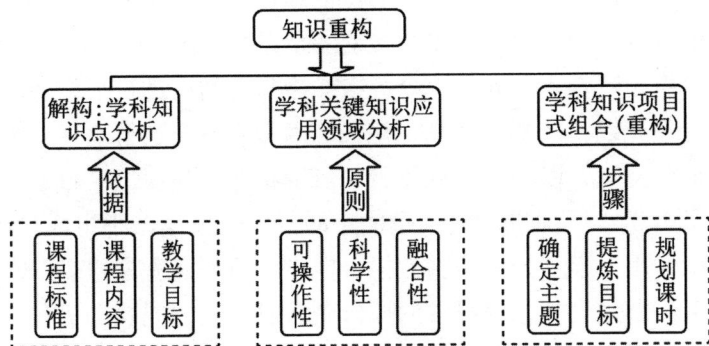

图 5-1 学科知识项目式重构流程图

二、初中化学复习课项目式学习的运用

项目式学习是一种具体化的学习方式，通过实际问题情境的创设来呈现核心知识，体现学生主体地位，强化学生感官体验，在整个学习过程中锻炼学生发现、探索及解决问题等能力，对学生综合素养的强化至关重要。项目式学习法具有动态化特征，在初中化学复习课中具有较高的应用价值。

（一）初中化学复习课项目式学习的选择

为保证初中复习课的整体效果，教师应依据课程标准及考试说明，把握学生学习情况，合理选择项目，确保复习课有新颖的角度和较强的针对性，使项目式学习的价值得以充分展现。在项目式学习法运用过程中，必须确保项目选择的科学性，主要体现在三个方面：其一，贴近现实生活，深化学生对于化学的感知，确保学生乐于参与到化学项目中；其二，确保项目情境的真实性，为强化学生学科核心素养，应确保问题情境创设的真实性与具体性，为学生搭建一个展现自我的载体，以促使学生良好发展；其三，充分展现学科特色，初中阶段的化学课程具有鲜明的实践性，以实验为基础，项目式学习法的运用也应当从实验出发，侧重于实验方案设计及具体推进等。

---

① 杨正芳，韩志强.基于项目式学习的初中物理复习课重构：以"电学板块"复习为例 [J].中学物理，2021，39（10）：23-26.

（二）初中化学复习课项目式学习的组织

初中化学复习课中对于项目式学习法的运用，应立足实际、科学分组，以促进项目活动的顺利进行。这一环节需要把握学生实际情况，合理分组，以 4～6 组为最佳，每组人数在 4～6 人，令各组在恰当时间内进行汇报展示。基于 S 形成绩排列来合理分组，以学生性别、特长等因素为参考进行适度调整，各组中的学生应存在显著差别，以小组为载体展现班级状态。为促进项目顺利进行，需要明确组内成员分工，以促进学生自身优势的最大化发挥。小组成员应密切配合，组长发挥组织作用，组员分别负责汇报、操作、填写实验报告等。在项目进行中教师应密切关注学生表现，以科学的评价来激发学生的成就动机和自我效能，并保证学生问题发现与解决的及时性，组织学生进行讨论，以促进学生主体作用的最大化发挥，保证初中化学复习课的有效性。

（三）初中化学复习课项目式学习的评价

从教育理论出发，围绕知识技能、过程方法以及情感态度与价值观这三个层面设计三维目标，开展项目评价，促进教学方式的不断优化，对于学生来说，能够对自身优劣形成客观认识，有助于学生积极改进自我，促进学生良好地发展。在正确认识初中化学复习课特征的基础上，以项目式学习法为支持，以三维目标为中心，对玛扎诺四水平分类法加以运用，促进评价量表的构建，项目评价也得以顺利实施。待项目结束后，可据此实施学生自我评价，参考活动中学生的具体表现，进而开展教师评价。

第二节　基于项目式学习的初中科学教学实践

一、基于项目式学习的初中地理教学实践

在深化教学改革背景下，教师讲授、学生被动接受知识的传统教学模式已经不能适应地理学科素养培养要求。如上海市新中考政策下地理学科考试的跨学科案例分析，就是让初中学生运用已掌握的地理和生命科学等学科的基础知识、关键能力对生产生活情境中的实际问题加以分析，以不同的学科视角审视问题，提

高学生综合分析问题、解决问题的能力，提倡学生通过自我整合所学知识解决问题。项目式学习是培养学生合作解决问题、获取知识的能力的方法。在教师实践操作中，项目式学习的流程包括：前期构建项目任务、确定学生分组和设计评价量表，在项目实施过程中及时指导和使用合适的评价工具，在项目学习后进行成果展示和反思。以下重点分析在项目式学习流程中每一项的实践策略。

（一）初中地理项目式学习前期准备策略

1. 构建可操作的项目任务

项目式学习的项目任务构建是教师需要思考的第一个问题，也是保证项目顺利开展的关键性要素。可操作性强的项目任务，要符合课程标准、符合学生认知能力，这样才能帮助学生进行有效探究。在实践项目的选择上，可以尝试的可操作构建有很多种，可根据不同项目目标灵活设计。

第一，从教学目标中构建项目，把项目构建成向教学目标知识点探究和延伸的载体，提高项目的可操作性。

第二，从实际生活中构建项目，把项目构建和真实生活情境相联系，提高项目的可操作性。例如，在教学中结合本地区区级学科活动"创意地图设计"构建项目，请学生绘制城市河流主题地图，让学生有乡土事实可以研究，提升了学生的地理实践能力。

第三，从学生兴趣中构建项目。好的项目构建能符合学生兴趣。教师在日常教学中发现学生的兴趣，将其与课程标准勾连，发掘符合学生兴趣和认知的项目。例如，在学习世界地理的课后，学生跃跃欲试地介绍自己去过的国家，乐于介绍旅行中的趣事。所以，在国家地理的自主学习部分，可以构建一个制作某个国家的旅行攻略的项目。学生对这个项目热情高涨，和同学分别组队制作不同国家的旅行攻略。学生可以通过实践学会国家地理的学习框架。

2. 合理确定分组

项目式学习中有通过讨论碰撞思想的部分，也有通过分工一起完成作品的部分，所以以小组的形式展开学习是较为合适的。在人数的控制上，要考虑到学生的具体任务分工，包括查找资料、提出问题、过程性探究、制作和展示成果等，每组4～6人是一个比较合适的人数。在人员构成上，要培养学生的综合能力，可以将不同性格和特长的学生差异化地分配在一组，组内优势互补，尽量使各组之间整体水平相当，保证每组都能较顺畅地完成项目式学习。

（二）初中地理项目式学习过程中的策略

1.教师在项目式学习过程中起帮助或引导作用

项目式学习虽然是以学生合作学习为主，但教师在学习过程中还是要根据具体情况，起到帮助或引导的作用。教师可以在实施项目式学习的初期阶段，设定一些内容、问题，引导学生完成项目学习。例如，在完成设计一座符合西双版纳环境的民居项目时，设置以下问题链：通过读图说出当地的气温特点？当地的降水量特点？适合当地气候的建筑原料？再结合本地民居实际情况、当地民俗、环境推测当地人居住的需求。教师也可以提供大量翔实的资料，引导学生借助资料更顺畅地完成项目式学习。在学生有了一定项目式学习的经验后，要推动学生主动探究，帮助学生习得学习方法，转变学习思路，把握项目进度，这也是实践过程中最困难的部分。一方面要多进行项目式学习的实践，另一方面要教会学生如何快速有效地从不同平台获取资料，教会学生主动提出驱动问题并展开有效讨论。此外，教师要敢于放手，在项目实施过程中观察、了解、记录进展，只在学生进展困难时给予帮助，从而完成学习目标。

2.使用合适的评价工具

评价工具有很多种，如检查表、KWL表、评价量规、问题列表、学习档案、学习日志等。为保障整个项目式学习有序进行，需要使用为该项目量身定制的评价工具。评价内容应该要有思维结构评价和表现性评价，应该包括自评、互评及教师评价。其中，教师评价应该以正面评价为主，鼓励学生自主学习和合作学习。评价所注重的不是最终成果，而是在项目式学习过程中的不同阶段的动态。

（三）初中地理项目式学习后的成果策略

学习的效果需要通过成果展示和课后反思呈现。项目式学习的成果类型有很多种，包括制作类成果、设计类成果和活动类成果。教师在设计时就要预设好成果的类型，让学生用最适合的形式展示成果，梳理学习过程中的收获，然后给予评价，并让学生获得成就感。项目式学习以学生为主体，注重学生在项目探究过程中的体验与思考，不断地探究、推翻与重建。所以，在学习后的反思非常重要，教师一般会指导组内每个学生在回顾整个过程后，根据自评、互评和教师评价，用文字反思问题的提出是否合理、操作的方法是否得当，最后的成果是否很好地落实了学习目标。为此，教师要不断提升自身专业技能，引导学生做好项目式学习。

二、基于项目式学习的初中生物教学实践

项目式学习以学生为主体，在完成整个项目的过程中，学生需要积极地收集信息、获取知识、探讨方案，以此解决现实问题。因此在该过程中，学生不仅要能够掌握所学知识，还要将知识应用于解决复杂问题。项目式学习模式是促进深度学习的一种实践模式，是引导学生在解决问题中开展深度学习的一种有益尝试。它较符合学生的学习规律，在元认知的基础上加以引导从而使学生发现问题、自主探究，并以解决问题为驱动，最终解决复杂的现实问题，从而使学生获得相应的技能（图 5-2）。

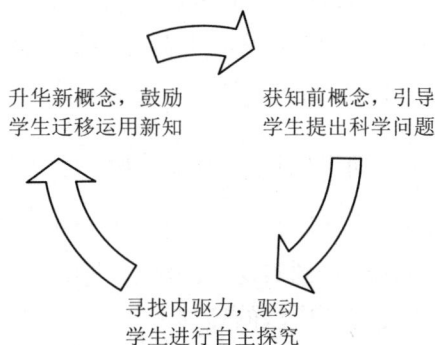

升华新概念，鼓励
学生迁移运用新知

获知前概念，引导
学生提出科学问题

寻找内驱力，驱动
学生进行自主探究

图 5-2　基于项目式学习的初中生物教学实践

（一）获知前概念，引导学生提出科学问题

生物是一门与生产生活实际息息相关的自然科学，学生的生活经验与学科知识关联性较强，学生的生活经验便是学科知识的前概念。每个学生的前概念都是不同的，教师可以采取的方式是在开始新的内容教学的前一节课，留 5 分钟做一份问卷调查。这样便有足够的时间去分析学生的生活经验，然后在获知其前概念的基础上，进行下一个项目的设计以及问题的引导。例如，教学七年级（初一）"探究植物运输水分的部位"的实验时，基于学生刚接触生物课程，对实验过程及要求不是很了解，教师贸然提出"植物运输水分的部位有哪些"的问题，学生一下无法消化，更别说自主回答。因此，教师可以提前设置一个小组合作任务：寻找身边的白百合花，拍出其最美的一面。在课程开始的时候，每个小组都展示了白百合花的照片。这时，教师拿出红墨水浸染过的白百合花，学生纷纷开始提问："老师的白百合花颜色为什么跟我们的不一样？""老师的百合花颜色是怎么

变成这样的？"在这个过程中，教师可以将红墨水等物品放在讲台上作为提示，以此对学生的观察技能进行考查。学生在后续实验过程可以发现植物运输水分的部位，在获得自主探究成果的同时学到书本上的内容。

（二）寻找内驱力，驱动学生进行自主探究

学生是教学活动的主体，一切富有成效的教学都离不开学生积极主动地参与。学生在实践中的错误体验是宝贵的教学资源，也是增强学生内驱力的有效载体。例如，在学习了"探究植物运输水分的部位"实验后，为了让学生进行更深层的自主探究活动，教师可以布置"DIY 彩虹玫瑰"的项目任务，直接在屏幕上展示"彩虹玫瑰（每片花瓣颜色都具备各自的色彩）"的图片，利用成果驱动学生的好奇心，使其产生自主尝试制作"彩虹玫瑰"的欲望，由此调动学生的内驱力。学生在探究过程中势必会有错误体验，这便是最有效的体会、最原始的内驱力源头。

（三）升华新概念，鼓励学生迁移运用新知

要使学生达到深刻理解知识的目标，就要把知识置于真实的、复杂的情境中，使学生通过知识的应用来达到对知识的深层理解，从而使知识能适应不同的问题情境，在实际生活中能得到广泛的迁移。例如，在教学"多种多样的生态系统"内容前，教师可以将学生带到校园的池塘前，通过真实的生态系统，让学生了解生态系统的组成成分。但只是了解知识是远远不够的，学习的终极目标是要将所学知识转化为技能并运用于生活生产中。对此，教师可以给学生布置一个任务——DIY 生态瓶。在制作生态瓶时，学生必须对生态系统的各成分及其功能有进一步的认识，由浅层学习状态转为深度探寻，才能设计出符合要求的生态瓶，同时，学生也能更深入地了解生态瓶中的各成分及其功能。

项目式学习中学生的任务更多样化、具体化，所以教师对项目过程中学生的表现要进行全面的评价，以此让每个学生都获得学习成就感，并更积极地投入后续学习中。

第三节　初中历史与社会项目式学习的实践路径探究

在初中历史与社会教学过程中，要做到以学为本，项目式学习是以学为本的重要途径，转换课堂上的师生主体地位，通过解决一系列问题，提升学生解决问

题的能力和知识迁移能力。"五步走"策略指在历史与社会教学过程中，以拟主题、创情境、勤思辨、妙评价、及反思为主要板块，解决学生当前在历史与社会学科的学习过程中存在的问题。

"五步走"策略指在历史与社会教学过程中，教师根据学科核心素养和单元整体目标来整合教材内原本的单元编排顺序，在精炼单元学习内容的基础上提炼主题，并设计可以促进学生思考与发展的问题链和单元整体教学方案，结合学生实际情况，设立合适的学习项目。"五步走"项目式学习以拟主题、创情境、勤思辨、妙评价、及反思为主要板块来进行，解决学生当前在历史与社会学科的学习过程中存在的问题，如时空观念模糊不清、史料实证浅尝辄止、综合思维难脱枷锁、地理实践纸上谈兵等。本节以《人文地理》上册第二单元"海洋对人类的影响"一课为例，阐释"五步走"的项目式学习策略（图 5-3）。

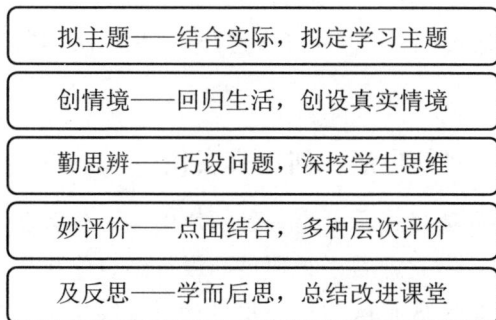

```
┌─────────────────────────────────────┐
│  拟主题——结合实际，拟定学习主题      │
└─────────────────────────────────────┘
┌─────────────────────────────────────┐
│  创情境——回归生活，创设真实情境      │
└─────────────────────────────────────┘
┌─────────────────────────────────────┐
│  勤思辨——巧设问题，深挖学生思维      │
└─────────────────────────────────────┘
┌─────────────────────────────────────┐
│  妙评价——点面结合，多种层次评价      │
└─────────────────────────────────────┘
┌─────────────────────────────────────┐
│  及反思——学而后思，总结改进课堂      │
└─────────────────────────────────────┘
```

图 5-3　"五步走"策略

一、拟主题——结合实际，拟定学习主题

在历史与社会的教学过程中，"五步走"项目式学习是具有较高教学立意和学习目标的有效学习方式，在项目学习开始前，选择合适的主题与目标就显得尤为重要。拟主题，要求教师先依据课程标准和学科核心素养的要求，整合一个单元核心内容，包括概念、知识和问题等，再设计能促进学生思维发展且贯穿、统领全单元的学习活动，让学生"在活动探究中掌握知识、培养能力、发展素养"，真正实现素养立意、目标导学。这样的前期准备，是开展有意义的项目式学习的基础。

以《人文地理》上册第二单元为例，本单元的内容把人们生活的区域扩展到整个世界，展示了世界自然与人文环境的总体特征。对于七年级（初一）学生而言，这是第一次接触整体世界，对于世界海陆分布特征、大洲与大洋的分布、主要地形、气候类型、河流与湖泊分布、自然景观差异等相关自然地理的知识了解不深，而对世界人口、人种、语言、国家，以及发展中国家与发达国家经济发展差异的了解更是很浅。因此，需要从自然和人文两方面入手，来设立适合学情的单元教学目标，让学生能够对世界环境形成一个初步的整体印象，从而更好地了解我们生活的世界，落实综合思维和人地协调观。

综上所述，教师对"海洋对人类的影响"一课，可以设定以下教学目标：维度一，基础性目标，学生可以通过自主学习与思考，明确不同大洋的特点以及重要的海上交通路线；维度二，拓展性目标，学生能够根据所学和相关材料分析出海洋为人类提供的资源，再结合相关资料，如视频、图片、新闻等分析出当前海洋环境与人类活动之间存在的问题；维度三，挑战性目标，学生能够通过分析存在的问题，找到解决问题的方法，并且能感受人与自然和谐发展的意义。

在递进式教学目标的基础上，设计项目式学习的主题为"探索人与自然和谐相处之道"，让学生通过项目式学习自行探索，在解决问题的过程中找到提升思维的方法。

二、创情境——回归生活，创设真实情境

历史与社会学科的项目式学习是一种情境体验、任务驱动式学习，教师在确定了课堂学习目标和教学立意后，必须精心设计适合学生思维发展的学习情境与任务项目，创设贴近学生现有认知与经验且接近真实生活的情境与任务，激发学生的学习兴趣与内驱力，让学生在发现问题之后深入探究问题、解决问题。

以"海洋对人类的影响"一课为例，教师在创设情境时，可以以真实的生活场景"舟山渔场"为线索，结合渔场兴、盛、衰的相关真实事件进行创设，课堂教学过程中通过"天之蓝——探渔场奥秘""海之蓝——寻海洋之宝""梦之蓝——创美好未来"三大板块来开展项目式学习，循序渐进地锻炼学生发现问题和解决问题的能力。

教师在教学过程中应运用多种资料促进学生思维的拓展，先进行小组合作学习，讨论海洋带给人们的益处。在讨论出海洋带给人类的多种益处后，播放关于舟山渔场新困难的新闻，带学生进入思维转折"为什么海洋提供了这么多资源，舟山渔场却还会陷入无鱼之困"。学生提出疑惑之后，通过图片材料带领学生分析产生这一问题的原因，并共同寻找解决问题的方法。

三、勤思辨——巧设问题，深挖学生思维

勤思辨指学习历史与社会时教师指导学生利用适当的学习材料和情境，遵循"史论结合、论从史出；因地制宜、人地和谐"的学科原则，运用"分析、比较、综合、概括、归纳、想象、推理"等高阶思维解决系列问题，培养历史与社会"辨析论证、协作研学"的批判性高阶思维能力，这是项目式学习的关键。在课堂上，教师应使学生成为结论的发现者，引领学生全面参与项目式学习过程，鼓励学生提出驱动性问题，并给予积极的评价，进而增强学生的课堂体验以及学习自信。

在"海洋对人类的影响"案例中，教师完成前期对学生的引导后，需要学生进行新的创设。教师创设了以"保护海洋环境"为主题、设计作品、形式不限的创作情境，学生需要在作品设计中表达自己的想法。在设计时，通过简单的三问来激发学生思维："作品内容是什么？为什么这样设计作品？结合作品说说，未来我们应该怎么做。"学生通过之前的材料进行思考，结合自己生活实际，创作出各具特色、形式多样的小组作品，在教师引导下讲述创作的理念以及希望达到的结果。在学生合作创作的过程中，既能锻炼学生解决问题的能力，又能在学生的实践思考中锻炼学生的综合思维、地理实践能力和人地协调观，通过创作的形式，将学科核心素养落地。

四、妙评价——点面结合，多种层次评价

初中历史与社会课堂项目式学习要求教师以学生为中心，在课堂上对学生的表现及时评价，通过课堂诊断观察式、表现性评价等多元交互评价策略对学生的高阶思维水平进行不同层次的观察评价，明确每个学生对学科核心素养的掌握、落实程度，课后让学生对课堂项目式学习进行再整合，并形成文字报告，以便在课后采取具有针对性的巩固学习并对相关问题进行查漏补缺，从而达到提升学生学业水平的目的。同时，教师组织学生以小组为单位进行项目式学习成果展示、汇报活动，从"项目设计、作品呈现、小组合作"三个方面分为"优秀、良好、合格"三个等级，对每个小组的项目式学习成果展示情况进行评价，激发学生项目式学习的热情与主动性（表5-1）。

表 5-1　妙评价——点面结合，多种层次评价

评价	优秀	良好	合格
项目设计	结合核心问题，小组成员分工具体明确，能根据不同资料，结合自身经验进行再次总结梳理	小组成员间有更细化的分工，能从不同角度对材料进行分析讲解	围绕核心问题展开项目设计，分工较明确，有一定依据
作品呈现	小组用画图、表演、思维导图等多种方式汇报学习成果，图文并茂、内容翔实；同时小组成员还进行了精彩的讲解、互动	有作品展示，虽然小组作品的讲解不是很完善，但能较好体现核心问题	仅有作品，没有人员讲解，不能很好体现核心问题
小组合作	项目小组成员分工明确、各司其职，认真进行项目设计、问题研究、成果展示活动，独立完成自己的项目研究；进行精彩的讲解互动	项目小组成员分工明确，均参与项目设计、问题研究、成果展示活动，独立完成自己的项目研究	项目小组成员均参与项目设计、问题研究、成果展示活动

　　评价需要实现教学评一致。第一，用评价驱动教师的引导，引导学生学习是教师实施课堂教学活动的首要任务。教师的引导主要体现在提高学生的学习积极性、点拨学生思维、引导学生解决新生成的疑难问题等，通过学生在课堂上生成的评价及时调整教学策略，更好地引导学生进行深层学习。第二，用评价驱动学生的"学"，学生能否真正地走进课堂，切实影响着教学目标能否实现。教师需要将学生的"学"作为课堂教学评价的重要标准，同时也要用课堂教学评价驱动学生"学"，借此提升课堂教学质量。如在本课教学过程中，学习"海洋对人类的影响"这一板块时，学生没有回答出教师预设的答案，教师就需在对学生进行点拨评价，促进学生进行深层思考。

五、及反思——学而后思，总结改进课堂

　　人不能没有批评与自我批评，一堂课也需要进行及时反思。在项目式学习过程中，反思应分为教师的反思和学生的反思两个方面来进行。学生和教师在项目过程中针对各个环节进行反思，教师在反思后根据学生的情况进行对教学设计进行改进，边找问题、边总结、边改善。学生反思在项目式学习过程中遇到的问题，以及如何在下次学习中改进这一问题。让学生在项目式学习中找到自己的位置，通过和小组成员不断地探索，寻找解决问题的方法，并在问题得到解决后，

能将这种方法迁移到其他生活情境中，解决现实生活中的问题。通过学生和教师的不断反思和改进，促进教学相长。

以"海洋对人类的影响"为例。在课程结束后，教师给学生布置了反思任务，让学生提出对课堂的建议，或者在上课过程中发现的学生或教师身上的不足，听取他人意见，不断改进。学生通过自我反思、对小组成员和教师提出意见，在无形之中完成了对本次课堂的回顾，也可以促进课后复习的落实。

初中历史与社会课堂项目式学习的实践与探索是一个长期的过程，教师在探索这一方法的过程中也需要经历三个境界。第一个境界，学习前沿理论知识，改变自身教育理念，不断完善自己的理论知识和专业素养。第二个境界，要有坚持不懈的态度，在教学上不断精进设计，结合学生不断改变的学情，不断更新自己的教学方法。第三个境界，只有一定程度的量变，才能引发质变，而初中历史与社会的项目式学习也需要教师在教学相长中不断积累，最终迎来新的变革。

第四节　项目式学习在道德与法治课中的应用实践

项目式学习在道德与法治课中的应用实践体现在以下两个方面（图 5-4）。

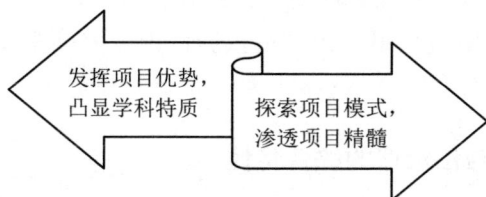

图 5-4　项目式学习在道德与法治课中的应用实践

一、发挥项目优势，凸显学科特质

（一）让道德与法治课回归生活

深入了解学生的学习需求，面向丰富多彩的社会生活，开发和利用初中学生已有的生活经验，这是道德与法治课程标准的实施要求。可见，道德与法治课程主张教学"始于生活，归于生活"，实现课堂即是生活。生活中的每人每事都充满着教育意义，生活处处是课堂。道德与法治关注学生已有的生活经验，采用贴近生活的学习方式，让学生投入现实世界中去体验、感悟、理解和内化。而项目式学习基于现实世界设置驱动性问题，并在真实的生活情境中持续地深度探究，恰好符合道德与法治的课标实施要求。为此，初中道德与法治课教学应当充分借助项目式学习生活化来源的优势，关注学生的学习需求，将学生在生活中的困惑点、兴趣点作为项目主题，设置项目探究，进而服务于道德与法治学科教学，让道德与法治课堂多些烟火气，使其真正回归生活。

（二）丰富道德与法治课的人文涵养

"初中道德与法治课程作为一门人文学科，其关注学生的精神成长需要，主张通过优秀的人类文化和民族精神将真、善、美、责任、正义等种子埋入学生的心中，以提升学生的人文素养和社会责任感，引导学生做一个灵魂丰富有趣的人。"[①] 但当下在中考驱动下的道德与法治应试教育，抑制了人性的发展，脱离学生的现实需求，进行理论说教和灌输，使学生对学科的人文价值理念产生不信任感。这需要放低学科姿态，让学科教学更接地气，深入学生的现实生活，让学生在真实的人文环境中去亲历学习的过程，使学生能收获知识以外的人文精神感悟。

初中道德与法治统编教材面向的是全国初中生，缺少区域特殊性的考虑。而项目式学习关注学生所处的人文环境，打破教材局限，整合本土的学习资源，让学生在熟悉的生长环境中从不同角度去重新认识、解读家乡。通过项目式学习，学生的家国情怀油然而生。

（三）拓展道德与法治课的综合特性

道德与法治教材中零散的知识模块布局时常无法满足项目式学习的需求。传统的分科教学，硬生生地将学生完整的生活割裂成不同的知识领域。各个学科画地为牢，任课教师往往只着眼于某一课、某个知识点，对整个单元、整个体系、相关学科缺少整体性认识，而学生也出现偏科严重、综合能力薄弱的情况。道德与法治的有效教学需要借助项目跨学科的思维，通过对道德与法治课程中道德、心理健康、法律、国情等内部知识的整合，以及与历史、地理、科学、语文、美术等不同学科课程间的整合，彰显道德与法治综合性的课程性质。

---

① 孙玲玲．项目式学习在初中《道德与法治》课中的实践研究 [D]．杭州师范大学，2020.

项目式学习倡导学生以跨学科的思维调用多学科的核心知识去解决项目问题，这符合新课改提出的培养全面发展的复合型人才的目标追求，更符合道德与法治综合性文科课程的性质。但这并不意味要摒弃教材，而是要让教材成为教师创造性地开发课程资源的蓝本，成为学生创造性学习行为形成的土壤和养料。师生不是教材的被动接受者和执行者，而是课程的设计者，教师可以依据本校学生学情灵活调整、取舍、整合教材内容，甚至可以融合多学科知识自主确定项目主题进行项目探究，以促进学生自由、全面发展。

二、探索项目模式，渗透项目精髓

（一）在适合的学科主题下实践项目式学习

道德与法治是一门整合了道德、心理健康、法律、国情等主题内容的综合文科课程，具有思想性、人文性、实践性和综合性的学科特性。而项目式学习具有学习真发生、跨学科、成果驱动、行为导向等特点，所以从学科内容而言，项目式学习较为适合道德判断辨析类、法律案件分析类、心理健康体验类、国情对策分析类等偏向于实践活动类的主题内容学习，即适合道德与法治"是什么""为什么""怎么做"中的措施、对策类。而价值观指导类、道德观内化类、情感升华类学科内容则不太适合进行项目式学习。因为价值观、道德观、人生观的培育是个持续的过程，且中学生由于思维的局限性，光靠项目式学习中教师的协助作用很难形成正确的价值观、道德观、人生观。因此，此类学科内容还是离不开师生的面对面对话，离不开教师的价值引领作用，例如无法设计项目让学生去实践"领略生命的可贵""热爱和平""树立坚强意志""保持乐观向上"等学科内容。从学习阶段来看，项目式学习适用于知识的迁移应用阶段，即在扎实掌握道德与法治核心知识和原理基础上的复习课和习题讲评课，而不太适用于概念类、事实类等陈述性知识的新知习得阶段。

（二）在常规教学法中渗透项目要素

以项目贯穿的道德与法治课堂要求教师具有很强的组织管理协调能力，既要对学生进行思维导图制作、问卷调研方式、数据采集等项目技巧进行指导，又要统筹管理项目时间、管理小组进度、联系引进专家评审、反馈成果修改建议。这往往使任课教师疲于备课，负载高于平时几倍的工作量。因此，可以将项目式学习的要素分散实施在常规教学中，在减轻教师教学负担、学生学习负担的同时彰显项目式学习的本质特色。教师需要根据道德与法治的素养目标要求、课堂教学导向在传统教学方法主导的课堂中灵活进行项目要素的渗透。如问题导向型的道德与法治课程教学，可以在问题的设置中融入项目式学习"基于现实的问题驱动"要素，在问题的探究阶段渗透项目式学习"合学的持续深度探究"要素；情境导向型的道德与法治课程教学，可以在情境设置中融入项目式学习"真实性"的要素；在探究导向型的道德与法治教学中，可以加入项目式学习"综合化、跨领域"的要素。

参 考 文 献

［1］包建新. 初中数学课堂教学的有效性提高研究［J］. 当代家庭教育，2020（11）：65.

［2］陈衍峰. 探讨初中教学课堂教学艺术的美学角度［J］. 现代中小学教育，2013，230（04）：39-40.

［3］国红延，王雅嫒，李慧芳. 利用项目式学习优化初中英语综合实践活动课程［J］. 中小学外语教学（中学篇），2021，44（07）：19-23.

［4］胡玉华. 基于核心素养的初中生物课堂教学改进探讨［J］. 课程. 教材. 教法，2017，37（08）：69-73.

［5］黄亚珍. 基于项目式学习的初中科学课程教学研究［J］. 中学课程辅导（教师教育），2021,241（12）：75-76.

［6］黄艳红. 初中物理项目式学习的实践与反思［J］. 教学与管理，2021，851（22）：70-72.

［7］季花. 项目式学习模式下的初中生物教学策略［J］. 基础教育研究，2021，569（19）：78-80.

［8］蒋丹. 地理实践力导向的初中生项目式学习［J］. 地理教学，2020（22）：35-37.

［9］李文波，马云鹏. 例谈初中物理项目学习的实施策略［J］. 中学物理，2020，38（12）：18-20.

［10］李亚子. 基于项目学习的初中物理实验探究教学［J］. 中学物理，2021，39（04）：24-26.

［11］李延亮，张全友，杨瀚书. 初中数学课程与教学的实践研究［M］. 青岛：中国海洋大学出版社，2015.

［12］梁安琪. 初中化学项目式教学的实施策略研究［J］. 新课程，2021，606（50）：56.

［13］ 刘炳华，范庆英．基于学科核心素养的初中化学教学设计［M］．苏州：苏州大学出版社，2017.

［14］ 刘金虎．初中教学质量动态评价机制的构建与实践［J］．现代中小学教育，2020，36（08）：86-90.

［15］ 刘静．论哲学课程在初中教学中的实现［J］．湖南师范大学教育科学学报，2019，18（05）：98-102.

［16］ 卢继红．初中班级德育工作的重要性［J］．黑河教育，2021,442（12）:6-7.

［17］ 罗珺．项目式学习在初中地理教学中的实践研究［J］．基础教育论坛，2021,382（20）：30-31.

［18］ 马小丽．项目式学习在初中化学复习课上的运用［J］．新课程，2021,601（45）：135.

［19］ 马学梅．信息化环境下初中地理课堂教学基本要求［J］．地理教学，2020（04）：26-29.

［20］ 茅云飞，徐军．应用项目学习方式　促进核心素养养成［J］．中学物理，2019，37（16）：22-24.

［21］ 秦亚飞．微课资源在初中生物学教学复习中的运用［J］．生物学教学，2020，45（08）：41-43.

［22］ 司晓宏．中学教育基础［M］．西安：陕西师范大学出版社，2016.

［23］ 孙玲玲．项目式学习在初中《道德与法治》课中的实践研究［D］．杭州师范大学，2020.

［24］ 王锋、赖菡、王晓聪．初中化学学科教育［M］．北京：教育科学出版社，2016.

［25］ 吴辰怡．初中语文项目化学习实践与思考［J］．中学语文教学参考，2021，810（03）：7-9+97.

［26］ 吴素荣．项目学习：提升学生语文素养的有效学习方式［J］．基础教育课程，2019，256（16）：56-60.

［27］ 吴玥．初中区域地理教学中项目式学习实施初探［J］．中学地理教学参考，2018，433（01）：33-35.

［28］ 夏向东．基于化学核心观念的教学实践研究［M］．上海：上海交通大学出版社，2018.

［29］ 谢婷婷．初中英语项目式学习的设计与应用［J］．中小学外语教学（中学篇），2019，42（08）：31-36.

［30］ 徐永军，罗晓杰. 初中英语综合实践课背景下的语言项目学习［J］. 四川师范大学学报（社会科学版），2012，39（03）：88-93.

［31］ 杨戈，田春华，杨昌彪. 核心素养下初中物理教学设计值得注意的问题［J］. 中学物理，2020，38（22）：47-49.

［32］ 杨正芳，韩志强. 基于项目式学习的初中物理复习课重构：以"电学板块"复习为例［J］. 中学物理，2021，39（10）：23-26.

［33］ 玉定松. 浅谈初中学科融合式教学［J］. 中学教学参考，2020，414（18）：67-68.

［34］ 张海陵，赵媛. 立足实践的地理项目式学习：以初中地图教学为例［J］. 中学地理教学参考，2020，481（01）：37-40.

［35］ 张荣枝. 问题导向教学方法在初中数学教学中的实践探究［J］. 天津教育，2021，659（26）：24-25.

［36］ 赵扬，呼建勇. 项目式学习在初中化学教学中的运用：制备硫酸铜晶体［J］. 中学化学教学参考，2018，479（19）：40-42.

［37］ 朱家存，李福华. 中学教育基础［M］. 芜湖：安徽师范大学出版社，2016.

［38］ 朱占荣. 初中语文教学中自主学习能力的培养策略研究［J］. 天天爱科学（教育前沿），2021，198（11）：133-134.

［39］ 祝钱. 例谈初中化学概念教学中的变式和迁移策略［J］. 化学教学，2020，396（03）：89-92.

［40］ 邹响太. 初中英语阅读教学中共情策略的运用［J］. 教学与管理，2020，806（13）：63-65.